調和と[illegible]の仏法

「[illegible]宗教」の時代へ

池田 大作

目　次

装幀　HAL　堀井美恵子

一、本書は、「大白蓮華」に掲載された「世界を照らす太陽の仏法〈敬愛する新会員の宝友へ〉」（二〇一八年八月号〜十二月号）を、著者の了解を得て『調和と希望の仏法――「人間の宗教」の時代へ』として収録した。

一、御書の御文は、『新編　日蓮大聖人御書全集』（創価学会版、第二七五刷）に基づき（御書〇〇ページ）で示した。

一、法華経の経文は、『妙法蓮華経並開結』（創価学会版、第二刷）に基づき（法華経〇〇ページ）と示した。

一、引用文のなかで、旧字体を新字体に、旧仮名遣いを現代仮名遣いに改めたものもある。また、句読点を補ったものもある。

一、肩書、名称、時節等については、掲載時のままにした。

一、説明が必要と思われる語句には、（注〇）を付け、編末に［注解］を設けた。

――編集部

師《し》弟《てい》の宗教《しゅうきょう》——共《とも》に誓願《せいがん》に立ち、共々《ともども》に希望《きぼう》の大道《だいどう》を

幸福《こうふく》と平和《へいわ》の智慧《ちえ》の大道《だいどう》——日蓮仏法は、一人一人の人生を豊《ゆた》かにするとともに、万人の境涯《きょうがい》を高《たか》め、調和《ちょうわ》と共生《きょうせい》の社会《しゃかい》を築《きず》きゆく希望《きぼう》の宗教《しゅうきょう》です。

とりわけ、二十一世紀《せいき》の世界宗教《しゅうきょう》として創価学会が、地球《ちきゅう》を舞台《ぶたい》に、いやまして飛躍《ひやく》しゆく、「世界広布新時代」の今この時に登場《とうじょう》し、入会された皆《みな》さんは、仏法上、まさに「宿福深厚《しゅくふくじんこう》」の使命《しめい》を持《も》つ方々《かたがた》です。

この講義《こうぎ》では、敬愛《けいあい》する新会員の宝友《ほうゆう》の皆《みな》さんと共《とも》に、これまで教学《きょうがく》を学んできた友《とも》も交《まじ》えて、風渡《かぜわた》る緑陰《りょくいん》でゆったりと懇談《こんだん》するような気持《きも》ちで、基本《きほん》で

もあり、骨格《こっかく》ともなる仏法の法理《ほうり》や実践《じっせん》を語《かた》っていきます。まず、仏法の魂《たましい》であり、人間主義《しゅぎ》の哲学《てつがく》の根本中《こんぽんちゅう》の根本《こんぽん》となる「師弟《してい》」について学びます。

恩師《おんし》の精神《せいしん》と行動《こうどう》を伝《つた》える

私の師匠《ししょう》は、第二代会長の戸田城聖《じょうせい》先生です。戸田先生がいなければ、今の私という存在《そんざい》はありません。私のライフワークである、小説《しょうせつ》『人間革命』（全12巻）、『新・人間革命』（全30巻）の執筆《しっぴつ》も、わが胸奥《きょうおう》で、戸田先生にお誓《ちか》いした〝師弟《してい》の約束《やくそく》〟の実行《じっこう》にほかなりません。

――恩師《おんし》の生涯《しょうがい》を、後世永遠《こうせいえいえん》に書《か》き伝《つた》えることは、わが人生の使命《しめい》なり！

そう心《こころ》に固《かた》く定《さだ》めたのは、一九五七年（昭和三十二年）のことです。

この年の八月十三日、戸田先生は長野《ながの》の軽井沢《かるいざわ》の地《ち》に、私を呼《よ》んでくださいました。夕張炭労事件《ゆうばりたんろうじけん》、大阪事件《おおさかじけん》と大きな難《なん》が襲《おそ》いかかり、権力《けんりょく》の魔性《ましょう》との戦《たたか》いが打《う》ち続《つづ》く渦中《かちゅう》でした〈注1〉。

師弟《してい》の語《かた》らいは、単行本《たんこうぼん》として発刊《はっかん》されて間《ま》もない、戸田先生の小説《しょうせつ》『人間革命』の話題《わだい》にも及《およ》びました。先生ご自身《じしん》をモデルとした主人公《しゅじんこう》が、師匠《ししょう》の初代会長・牧口常三郎《つねさぶろう》先生と共《とも》に広宣流布に邁進《まいしん》した、草創《そうそう》の創価教育《きょういく》学会の正義《せいぎ》と真実《しんじつ》を書《か》き残《のこ》されたものです。

しかし戸田先生は、笑《え》みを浮《う》かべながら、〝牧口先生のことは書《か》けても、自分のことは一から十まで書《か》き表《あらわ》せない〟と語《かた》られました。

この言葉《ことば》は私の胸《むね》に突《つ》き刺《さ》さりました。

確《たし》かに先生は、小説《しょうせつ》において、軍部政府《ぐんぶせいふ》の弾圧《だんあつ》で囚《とら》われ、巌窟王《がんくつおう》〈注2〉の如《ごと》き獄中闘争《ごくちゅうとうそう》の果《は》てに地涌《じゆ》の菩薩《ぼさつ》〈注3〉の使命《しめい》を自覚《じかく》した体験《たいけん》までつづられながらも、出獄後《しゅつごくご》の広宣流布の死闘《しとう》については書《か》こうとされませんでした。

「全人類《ぜんじんるい》の宿命《しゅくめい》の転換《てんかん》をも可能《かのう》に」

先生に代《か》わって、創価学会の〝精神の正史《せいし》〟の続編《ぞくへん》を書き継《か》ぐことを深《ふか》く誓《ちか》ったのが、日付《ひづけ》の変《か》わった翌八月十四日のことです。奇《く》しくも恩師《おんし》との邂逅《かいこう》から十年を迎《むか》えたその日だったのです。

「一人の人間における偉大《いだい》な人間革命は、やがて一国《いっこく》の宿命《しゅくめい》の転換《てんかん》をも成《な》し遂《と》げ、さらに全人類《ぜんじんるい》の宿命《しゅくめい》の転換《てんかん》をも可能《かのう》にする」

――七年後の一九六四年（昭和三十九年）十二月二日、沖縄《おきなわ》の天地《てんち》で、この主《しゅ》題《だい》のもと、私は、戸田先生の広布の生涯《しょうがい》の執筆《しっぴつ》を開始《かいし》しました。さらに、師匠《ししょう》の構想《こうそう》を現実《げんじつ》のものとしゆく弟子《でし》の挑戦《ちょうせん》を、小説《しょうせつ》『新・人間革命』に書《か》き残《のこ》し続《つづ》けて二十五年。その師弟共戦《していきょうせん》の文筆《ぶんぴつ》の旅《たび》は完結《かんけつ》し、恩師《おんし》への誓《ちか》いを果《は》たすことができました。

生死一大事血脈抄《しょうじいちだいじけつみゃくしょう》

御文

（御書一三三八ページ一行目～二行目）

過去《かこ》の宿縁《しゅくえん》追《お》い来《きた》って今度《こんど》日蓮が弟子《でし》と成《な》り給《たも》うか・釈迦《しゃか》多宝《たほう》こそ御存知《ごぞんじ》候《そうろう》らめ、「在在諸仏土常与師倶生《ざいざいしょぶつどじょうよしぐしょう》」よも虚事《そらごと》候《そうら》はじ

現代語訳

あなたは、過去《かこ》の宿縁《しゅくえん》に運《はこ》ばれて、今度《こんど》、日蓮の弟子《でし》となられたのであろうか。釈迦仏《しゃかぶつ》・多宝仏《たほうぶつ》こそご存《ぞん》じであると思《おも》われる。「いたるところの諸仏《しょぶつ》の国土《こくど》に常《つね》に師《し》とともに生《う》まれる」（法華経化城喩品第《けじょうゆほんだい》七）との経文《きょうもん》は、決《けっ》して、嘘《うそ》ではあるまい。

〝すべての人を仏《ほとけ》に〟との願《ねが》い

仏法に説《と》かれる宿縁深《しゅくえんふか》き「師弟《してい》の絆《きずな》」について教《おし》えられた御文《ごもん》です〈注4〉。題号《だいごう》（タイトル）にある「生死一大事血脈《しょうじいちだいじけつみゃく》」とは、簡潔《かんけつ》に言《い》えば、仏《ほとけ》（師匠《ししょう》）から衆生《しゅじょう》（弟子《でし》）に伝《つた》える、最重要《さいじゅうよう》の成仏《じょうぶつ》の法《ほう》の継承《けいしょう》を意味《いみ》します。

法華経方便品《ほうべんぼん》には「如我等無異《にょがとうむい》」――我《わ》が如《ごと》く等《ひと》しくして異《こと》なること無《な》からしめん――（法華経一三〇ページ）と説《と》かれています。〝全《すべ》ての人々に、自分《じぶん》と同《おな》じ仏《ほとけ》の境涯《きょうがい》を開《ひら》かせたい〟というのが、釈尊《しゃくそん》の真《しん》の願《ねが》いです。

ここで確認《かくにん》したいのは、仏教の特徴《とくちょう》は、どこまでも「人間」を主体《しゅたい》とした宗《しゅう》教《きょう》であるという点《てん》です。あくまでも、ブッダ（仏《ほとけ》）とは、目覚《めざ》めた「人間」のことです。仏《ほとけ》も人間であり、衆生《しゅじょう》も人間です。最初《さいしょ》に「法《ほう》」に目覚《めざ》めた人間（仏《ほとけ》）が人々《ひとびと》に「法《ほう》」を教《おし》え、全《すべ》ての人間（衆生《しゅじょう》）の境涯《きょうがい》を高《たか》める。ですから、仏《ほとけ》と衆生《しゅじょう》の関係《かんけい》は、神《かみ》と人間というような関係《かんけい》ではなく、本来《ほんらい》、師弟《してい》の関係《かんけい》にあるのです。

ところが、この仏教の最大《さいだい》の命脈《めいみゃく》を、後世《こうせい》の人は見失《みうしな》ったのです。一つは、仏《ほとけ》に成《な》れる人や時《とき》を特定《とくてい》の状況《じょうきょう》に限定《げんてい》してしまったこと。もう一つは、仏《ほとけ》を人間から隔絶《かくぜつ》し、偶像化《ぐうぞうか》してしまったことです。その結果《けっか》、仏教に「真実《しんじつ》の師弟《してい》がなくなった」のです。

この歪《ゆが》みを正《ただ》したのが法華経です。法華経は、「万人《ばんにん》に尊極《そんごく》の仏《ほとけ》の生命《せいめい》が内《ない》在《ざい》する」という仏教究極《きゅうきょく》の真理《しんり》と、「万人《ばんにん》を自分《じぶん》と等《ひと》しい境地《きょうち》に導《みちび》く」という仏《ほとけ》の本源的《ほんげんてき》な行動《こうどう》が説《と》かれている経典《きょうてん》です。「如我等無異《にょがとうむい》」との一語《いちご》は、まさしく人間主義《しゅぎ》の仏法を蘇《よみがえ》らせた精髄《せいずい》の経文《きょうもん》です。

弟子《でし》たちを、いかにして自分《じぶん》と不二《ふに》（二にして二ならず〈=而二不二《ににふに》〉）の仏《ほとけ》の境地《きょうち》に高《たか》められるか――。ここに仏法の根本《こんぽん》の目的《もくてき》があり、法華経の最大《さいだい》のテーマがあります。すなわち「師弟《してい》」であり、「師弟不二《していふに》」です。

最《もっと》も崇高《すうこう》な人間と人間の魂《たましい》が結《むす》び付《つ》く師弟《してい》に徹《てっ》するからこそ、どこまでも

「人間の宗教《しゅうきょう》」「民衆自身《みんしゅうじしん》が主人公《しゅじんこう》となる宗教《しゅうきょう》」たりうるのです。

師弟《してい》の宿縁《しゅくえん》に生《い》き抜《ぬ》いた最蓮房《さいれんぼう》

日蓮大聖人は、本抄《ほんしょう》で「日本国の一切衆生《いっさいしゅじょう》に法華経を信《しん》ぜしめて仏《ほとけ》に成《な》る血《けつ》脈《みゃく》を継《つ》がしめん」（御書一三三七ジペー）と仰《おお》せられています。「血脈《けつみゃく》」とは、仏法を正しく受《う》け継《つ》ぐことであり、万人《ばんにん》に開かれたものです。

法華経において釈尊《しゃくそん》から受《う》け継《つ》いだ〝仏《ほとけ》に成《な》る〟血脈《けつみゃく》を、悪世《あくせ》である末法《まっぽう》（仏《ほとけ》の滅後《めつご》、その教《おし》えの功力《くりき》が消滅《しょうめつ》するとされる時期《じき》）に生《い》きる全《すべ》ての人々《ひとびと》のために流《なが》れ通《かよ》わせたいとの大願《だいがん》を立てられたのが、末法《まっぽう》の御本仏《ごほんぶつ》・日蓮大聖人です。

その大聖人と弟子《でし》の宿縁《しゅくえん》の深《ふか》さを教《おし》えられているのが、この御文《ごもん》です。

最蓮房《さいれんぼう》〈注5〉は大聖人の弟子《でし》となったことで、何《なん》らかの難《なん》を受《う》けていたようです。しかし、難《なん》に屈《くっ》することなく師《し》に随順《ずいじゅん》する、この新生《しんせい》の弟子《でし》を、大聖人は〝真金《しんきん》の人〟であると賞讃《しょうさん》されています〈注6〉。

さらに大聖人は、「過去《かこ》の宿縁追《しゅくえんお》い来《きた》って今度《こんど》日蓮が弟子《でし》と成《な》り給《たも》うか」と仰《おお》せです。師弟《してい》の絆《きずな》は、今世《こんぜ》だけでなく、過去世《かこせ》からのものであると示《しめ》されているのです。

「生《せい》も歓喜《かんき》、死《し》も歓喜《かんき》」の永遠《えいえん》の生命《せいめい》

「生死《しょうじ》」の問題解決《もんだいかいけつ》こそが、宗教《しゅうきょう》に求《もと》められる根本課題《こんぽんかだい》です。その意味《いみ》で、仏教に限《かぎ》らず世界の宗教《しゅうきょう》は、それぞれが何《なん》らかの形《かたち》で「永遠《えいえん》」を説《と》いています。しかし、その永遠性《えいえんせい》の内容《ないよう》は宗教《しゅうきょう》によって異《こと》なります。仏教では、過去《かこ》世《せ》・現在世《げんざいせ》・未来世《みらいせ》の三世《さんぜ》にわたる生死《しょうじ》の連続性《れんぞくせい》を説《と》きます。ただし、生死《しょうじ》が連続《れんぞく》すると言っても、生死《しょうじ》の苦《くる》しみの流転《るてん》を強調《きょうちょう》したものでも、現実《げんじつ》の苦《くる》しみの世界から離《はな》れることを願《ねが》ったものでもありません。

法華経では、「永遠《えいえん》の根源《こんげん》の法《ほう》」に基《もと》づく生死《しょうじ》を明かしています。それは、私たち自身《じしん》が妙法を唱《とな》えることで、「常楽我浄《じょうらくがじょう》」〈注7〉という最高《さいこう》の歓喜《かんき》の連《れん》

続《ぞく》、すなわち、「生《せい》も歓喜《かんき》、死《し》も歓喜《かんき》」という境涯《きょうがい》を確立《かくりつ》できることを説《と》き示しているのです。

そして、この法華経で説《と》かれる生死観《しょうじかん》の核心《かくしん》とは、師匠《ししょう》も弟子《でし》も、共《とも》に広宣流布に生《い》きる宿縁《しゅくえん》が三世永遠《さんぜえいえん》に続《つづ》く「師弟《してい》の絆《きずな》」にほかならないのです。

ここでは、その証明《しょうめい》として、法華経化城喩品《けじょうゆほん》の「在在《いたるところ》の諸仏《しょぶつ》の土《ど》に 常《つね》に師《し》と倶《とも》に生《しょう》ず」（法華経三一七ジペー）の経文《きょうもん》が引用《いんよう》されています。

この経文《きょうもん》の意味《いみ》は、声聞《しょうもん》の弟子《でし》たちは、はるかな昔以来《むかしいらい》、釈尊《しゃくそん》を師匠《ししょう》として、あらゆる仏《ほとけ》の国土《こくど》に常《つね》に共《とも》に生まれては、師匠《ししょう》と一緒《いっしょ》に菩薩《ぼさつ》の実践《じっせん》をしてきた、ということです。

すなわち弟子《でし》の声聞《しょうもん》たちは、釈尊《しゃくそん》の説法《せっぽう》によって、自分《じぶん》たちが本来《ほんらい》〝人々を救《すく》いたい〟と修行《しゅぎょう》を重《かさ》ねてきた菩薩《ぼさつ》の境涯《きょうがい》にあったことを思《おも》い出《だ》すのです。このように、〝菩薩《ぼさつ》としての深《ふか》い願《ねが》い〟を思《おも》い起《お》こさせてくれる存在《そんざい》が、仏法の師匠《ししょう》にほかなりません。

この〝深《ふか》い願《ねが》い〟こそ、大願《だいがん》、誓願《せいがん》です。他者《たしゃ》を慈《いつく》しみ、同苦《どうく》する仏《ほとけ》の願《ねが》いを、菩薩《ぼさつ》も同《おな》じく実践《じっせん》しようと誓《ちか》います。師弟《してい》が一体《いったい》となって、はるかな昔《むかし》から菩薩道《ぼさつどう》を行《ぎょう》じてきたということは、最《もっと》も根源的《こんげんてき》な民衆救済《みんしゅうきゅうさい》の生《い》き方《かた》が永続化《えいぞくか》することを意味《いみ》するのです。

「よも虚事候《そらごとそうら》はじ」との仰《おお》せに、最蓮房《さいれんぼう》は宿縁深《しゅくえんふか》き「仏法の師弟《してい》」について確信《かくしん》を深《ふか》めたに違《ちが》いありません。

忘《わす》れ得《え》ぬ戸田先生との出会《であ》い

一九四七年（昭和二十二年）八月十四日、東京・大田区の座談会《ざだんかい》で、私は初《はじ》めて戸田先生とお会《あ》いしました。旧知《きゅうち》のように、若《わか》い私を包《つつ》み込《こ》んでくださる先生との語《かた》らいは、その後《ご》の私の人生を決定《けってい》づける起点《きてん》となりました。

アメリカのアイダホ大学で教壇《きょうだん》に立たれたニコラス・ガイヤ博士〈注8〉が、この戸田先生と私の出会《であ》いについて、三点《てん》にわたって注目《ちゅうもく》してくださったことがあります。

一点目《てんめ》に、戸田先生が一青年に対《たい》して平等《びょうどう》に接《せっ》し、対話《たいわ》してくださったこと。二点目《てんめ》に先生が理論《りろん》をもてあそぶことなく、飾《かざ》ることなく、直截《ちょくせつ》で正直《しょうじき》に、人生の真実《しんじつ》を語《かた》ってくださったこと。三点目《てんめ》には、戸田先生が軍部政府《ぐんぶせいふ》と戦《たたか》って牢《ろう》に入られたという事実《じじつ》に対《たい》して、若《わか》き魂《たましい》が深《ふか》く共感《きょうかん》したことです。

さらに、博士は語《かた》ってくださいました。

「二人の出会《であ》いは、まさに『偉大《いだい》な人格者《じんかくしゃ》との触《ふ》れ合《あ》いが、自身《じしん》の人格《じんかく》を開《ひら》く』という釈尊《しゃくそん》と弟子《でし》たちの普遍《ふへん》のヒューマニズムの軌跡《きせき》を現代《げんだい》に映《うつ》したものといえます」

実際《じっさい》に私は、恩師《おんし》の人格《じんかく》に触発《しょくはつ》され、〝この人なら信《しん》じられる〟と腹《はら》を決《き》めて、出会《であ》いから十日後の八月二十四日に入信しました。決《けっ》して、仏法の何《なん》たるかが分《わ》かったわけではありません。むしろ会友《かいゆう》として仏法を学び、学会を理解《りかい》して入会した今の皆《みな》さんのほうが、体系的《たいけいてき》な学習《がくしゅう》を経験《けいけん》されていると言《い》ってよいでしょう。

ともあれ私にとっては、〝戸田先生と共《とも》に生きる〟と、師弟《してい》の道《みち》に覚悟《かくご》して進《すす》んでいったことが青春《せいしゅん》の誉《ほま》れです。

牧口先生が線《せん》を引《ひ》かれていた御書の一節《いっせつ》に、「師檀《しだん》となる事《こと》は三世《さんぜ》の契《ちぎ》り」（一〇七〇ジペー）とあります。決《けっ》して偶然《ぐうぜん》ではない、師匠《ししょう》と弟子門下《でしもんか》の間には三世《さんぜ》にわたる深《ふか》い宿縁《しゅくえん》があって、私たちは大聖人の仏法を持《たも》つことができたのです。そして、仏法の正しき信心と実践《じっせん》を教《おし》えてくださったのが、牧口先生であり、戸田先生です。

会《あ》い難《がた》き偉大《いだい》な人格《じんかく》と出会《であ》えた喜《よろこ》び。

命《いのち》の奥底《おうてい》で求《もと》めていたものを思《おも》い起《お》こしてくれる存在《そんざい》との出会《であ》い。

これが「師弟《してい》」です。

この「師弟《してい》」という人間対《たい》人間の絆《きずな》を通《とお》して、正しき「法《ほう》」も伝《つた》わっていくのです。

四条金吾殿御返事《しじょうきんごどのごへんじ》

御文

(御書一一九二ジペー十四行目～十五行目)

いかに日蓮いのり申《もう》すとも不信《ふしん》ならばぬ《濡》れたる・ほくちに・火をうちかくるが・ごとくなるべし、はげみをなして強《ごう》盛《じょう》に信力《しんりき》をいだし給《たも》うべし

現代語訳

どれほど日蓮があなたのことを祈《いの》ったとしても、あなた自身《じしん》が不信《ふしん》であるならば、濡《ぬ》れた火口《ほくち》(火打ち石を打ちつけて出た火を移《うつ》し取るもの)に火を付《つ》けるようなものである。自身《じしん》を励《はげ》まして、強盛《ごうじょう》に信力《しんりき》を奮《ふる》い

起《お》こしていきなさい。

御指導通《ごしどうどお》りに戦《たたか》い抜《ぬ》いた金吾《きんご》

絶対勝利《ぜったいしょうり》の信心の要諦《ようてい》である「師弟一体《していいったい》の祈《いの》り」を教《おし》えられている「四条金《しじょうきん》吾殿御返事《ごどのごへんじ》」の御文《ごもん》です〈注9〉。

大聖人が流罪地《るざいち》の佐渡《さど》から堂々《どうどう》と帰還《きかん》されたお姿《すがた》に、自身《じしん》も新《あら》たな決意《けつい》で立ち上がろうと燃《も》えた四条金吾《しじょうきんご》〈注10〉は、主君《しゅくん》の江間氏《えまし》を折伏《しゃくぶく》しました。しかし、御聖訓《ごせいくん》にある通《とお》り、仏道修行《ぶつどうしゅぎょう》に励《はげ》めば、必《かなら》ず三障四魔《さんしょうしま》〈注11〉が起《お》こります。金吾《きんご》は、讒言《ざんげん》（他《た》の人を陥《おとしい》れるための事実無根《じじつむこん》の訴《うった》え）に誑《たぶら》かされた主君《しゅくん》から次第《しだい》に疎《うと》まれ、嫉妬《しっと》の同僚《どうりょう》から圧迫《あっぱく》されるようになりました。

その中を金吾《きんご》は、大聖人から折々《おりおり》に御指導《ごしどう》いただいた通《とお》りに実践《じっせん》し、地道《じみち》に誠実《せいじつ》に、主君《しゅくん》に仕《つか》え抜《ぬ》きます。そして、次第《しだい》に主君《しゅくん》からの信頼《しんらい》は回復《かいふく》し、かつての三倍《ばい》もの領地《りょうち》を受《う》けるまでになったのです。まさしく、転重軽受《てんじゅうきょうじゅ》〈注12〉、変毒為薬《へんどくいやく》〈注13〉の現証《げんしょう》です。

こうした状況《じょうきょう》のなかで、金吾《きんご》を妬《ねた》む人間から命《いのち》を狙《ねら》われる事件《じけん》が起《お》こりました。本抄《ほんしょう》は、〝敵《てき》に襲《おそ》われたが、難《なん》を脱《だっ》した〟との金吾《きんご》の報告《ほうこく》に対《たい》する御返事《ごへんじ》です。

弟子《でし》の安穏《あんのん》と勝利《しょうり》を祈《いの》る師匠《ししょう》

大聖人は、金吾《きんご》が信心で難《なん》を乗《の》り越《こ》えたことを指摘《してき》されたうえで、今一重深《いまいちじゅうふか》く、祈《いの》りの大切《たいせつ》さを教《おし》えられています。

まず大前提《だいぜんてい》として大聖人は、弟子《でし》の無事安穏《ぶじあんのん》と勝利《しょうり》を、ただひたぶるに祈《いの》ってくださっているというのです。どこまでも弟子《でし》の身《み》を案《あん》じてくださっている。仏法の師匠《ししょう》とは何《なん》とありがたい存在《そんざい》でしょうか。

とともに、師弟不二《していふに》の観点《かんてん》から見れば、弟子《でし》も師匠《ししょう》と同《おな》じ「祈《いの》り」、同《おな》じ

「心《こころ》」で立ち上がるべきである、との仰《おお》せと拝《はい》されます。

「師弟一体《していいったい》の祈《いの》り」が信心の要諦《ようてい》

「いかに日蓮いのり申《もう》すとも……」の御文《ごもん》の直前《ちょくぜん》で、「ただ心《こころ》こそ大切《たいせつ》なれ」（御書一一九二ジペー）と仰《おお》せです。全《ぜん》世界の同志《どうし》が胸《むね》に刻《きざ》んでいる「心《こころ》こそ大切《たいせつ》」の「心《こころ》」とは、「師弟不二《していふに》の心《こころ》」であるということです。

師匠《ししょう》は常《つね》に弟子《でし》の勝利《しょうり》を祈《いの》ってくれている。弟子《でし》が今《いま》こそ、強盛《ごうじょう》な信心を奮《ふる》い起《お》こしていきなさいと教《おし》えられているのです。どこまでも「師弟不二《していふに》の心《こころ》」で、「師弟一体《していいったい》の祈《いの》り」を貫《つらぬ》き通《とお》していくことこそ、いかなる苦難《くなん》や困難《こんなん》をも勝《か》ち越《こ》えゆくための信心の要諦《ようてい》なのです。また、ここに「法華経の兵法《へいほう》」の肝要《かんよう》があります。

反対《はんたい》に、師弟《してい》の祈《いの》りが一致《いっち》しなければ、真《しん》の力《ちから》は出《だ》せません。大聖人が諸御抄《しょごしょう》で「師弟相違《していそうい》せばなに事《ごと》も成《なす》べからず」（御書九〇〇ジペー）、「だんな檀那と師《し》とをもひあわぬいのり《祈》は水の上に火をたくが《焚》ごとし」（御書一一五一ジ《ペー》）と強《つよ》く戒《いまし》められている通《とお》りです。

「誓願《せいがん》の祈《いの》り」「誓願《せいがん》の人生」を

ここで、師弟《してい》して同《おな》じ「心《こころ》」で、同《おな》じ「祈《いの》り」を貫《つらぬ》くということについて、もう一歩《いっぽ》深《ふか》く考《かんが》えていきたい。

まず、師匠《ししょう》の「心《こころ》」「祈《いの》り」の根本《こんぽん》とはそもそも何《なに》か。それは師匠自身《ししょうじしん》の「誓願《せいがん》」ともいえるでしょう。すなわち、末法《まっぽう》の一切衆生《いっさいしゅじょう》を救済《きゅうさい》しゆくために大聖人が打《う》ち立《た》てられた「広宣流布の大誓願《だいせいがん》」にほかなりません。

「日蓮と同意《どうい》ならば地涌《じゆ》の菩薩《ぼさつ》たらんか」（御書一三六〇ジ《ペー》）と仰《おお》せのように、大聖人の大誓願《だいせいがん》をわが誓願《せいがん》として、民衆《みんしゅう》の幸福《こうふく》のために不二《ふに》の心《こころ》で立ち上がる人が「地涌《じゆ》の菩薩《ぼさつ》」です。「誓願《せいがん》の祈《いの》り」が、「誓願《せいがん》の人生《じんせい》」を築《きず》くのです。

現代《げんだい》において、この御聖訓《ごせいくん》の通《とお》りに、広宣流布のために立ち上がったのが、先師《せんし》・牧口先生、恩師《おんし》・戸田先生です。創価学会は、この偉大《いだい》な師弟《してい》の誓願《せいがん》から出発《しゅっぱつ》したのです。

「師匠《ししょう》と共《とも》に戦《たたか》う弟子《でし》」への転換《てんかん》

そして「皆地涌《みなじゆ》の菩薩《ぼさつ》の出現《しゅつげん》に非《あら》ずんば唱《とな》へがたき題目《だいもく》なり」（御書一三六〇ジ）です。

私たち学会員は、信心の年数《ねんすう》に関係《かんけい》なく、誰《だれ》もが等《ひと》しく、久遠《くおん》（はるかな昔《むかし》。永遠《えいえん》・根源《こんげん》のこと）からの誓《ちか》いで末法《まっぽう》広宣流布のために出現《しゅつげん》した誉《ほま》れの地涌《じゆ》の菩薩《ぼさつ》です。

皆《みな》に地涌《じゆ》の使命《しめい》があるからこそ、法華経の肝心《かんじん》である南無妙法蓮華経の題目を唱《とな》えることができるのです。広宣流布の誓願《せいがん》の題目だからこそ、自他共《じたとも》の幸《こう》福《ふく》を実現《じつげん》していくことができる。自行化他《じぎょうけた》〈注14〉の修行《しゅぎょう》だからこそ、人々のために行動《こうどう》する自身《じしん》へと人間革命していけるのです。

最初《さいしょ》は〝自分《じぶん》のための祈《いの》り〟だったものが、そのまま〝師《し》と同《おな》じ誓願《せいがん》の祈《いの》り〟へと発展《はってん》していく。

それは「師匠《ししょう》に守《まも》られる弟子《でし》」から、「師匠《ししょう》と共《とも》に戦《たたか》う弟子《でし》」への一大転換《いちだいてんかん》劇《げき》ともいえるでしょう。

これは、「超越的絶対者《ちょうえつてきぜったいしゃ》に救済《きゅうさい》を求《もと》める宗教《しゅうきょう》」とは異《こと》なります。「万人《ばんにん》が民衆《みんしゅう》救済《きゅうさい》の慈悲《じひ》（慈《いつく》しみと同苦《どうく》の仏《ほとけ》の生命《せいめい》）の行動者《こうどうしゃ》」になるというのが、仏教の根《こん》幹《かん》の原理《げんり》なのです。

「師弟《してい》」とは、目覚《めざ》めた民衆《みんしゅう》の陣列《じんれつ》を築《きず》く、師匠《ししょう》の「精神《せいしん》」と「行動《こうどう》」を共《きょう》戦《せん》の弟子《でし》が継承《けいしょう》していくことなのです。

師弟《してい》とは幸福《こうふく》と健康《けんこう》への〝切符《きっぷ》〟

アメリカの仏教研究者《けんきゅうしゃ》であるクラーク・ストランド氏〈注15〉は、「師弟不二《していふに》がなければ、創価学会が今日の発展《はってん》を遂《と》げることはなかったであろう」と洞察《どうさつ》されています。

「どんな悩《なや》みにも負《ま》けず、敗戦《はいせん》の混乱《こんらん》にあえぐ（日本の）家庭《かてい》や地域社会《ちいきしゃかい》を、幸福《こうふく》の軌道《きどう》へと立《た》て直《なお》すことができたのは、『師弟《してい》』があったからなのだ。会員にとって師弟《してい》とは、文字通《もじどお》り、幸福《こうふく》と健康《けんこう》への〝切符《きっぷ》〟なのである」

「学会における師弟《してい》の絆《きずな》は、弟子《でし》に根底《こんてい》から自信《じしん》を与《あた》え、成長《せいちょう》させるものである」

そしてストランド氏は、師弟不二《していふに》がある限《かぎ》り、〝学会の未来《みらい》に限界《げんかい》はない〟と結論《けつろん》されていました。

「師弟《してい》の宗教《しゅうきょう》」だから、自身《じしん》の深《ふか》き久遠《くおん》からの使命《しめい》を自覚《じかく》できる。

「師弟《してい》の宗教《しゅうきょう》」だから、現実社会《げんじつしゃかい》で、正しき精神《せいしん》と行動《こうどう》が脈動《みゃくどう》する。

「師弟《してい》の宗教《しゅうきょう》」だからこそ、未来永劫《みらいえいごう》に後継《こうけい》の人材《じんざい》を呼《よ》び出《いだ》すことができるのです。

「人間の宗教《しゅうきょう》」への信頼《しんらい》と期待《きたい》

創価学会は、仏教の精髄中《せいずいちゅう》の精髄《せいずい》たる「師弟《してい》の宗教《しゅうきょう》」に生《い》き抜《ぬ》いてきました。「人間の宗教《しゅうきょう》」を末法悪世《まっぽうあくせ》に復権《ふっけん》し、そして「民衆《みんしゅう》仏法」の真価《しんか》を地球《ちきゅう》規模《ぼ》で展開《てんかい》している創価学会に、世界の識者《しきしゃ》たちが信頼《しんらい》を寄《よ》せ、二十一世紀《せいき》の希《き》望《ぼう》を託《たく》しています。

一年、一年巡《めぐ》り来《く》る師弟誓願《していせいがん》の創立記念日「11・18」を目標《もくひょう》として、私たちは日々、一人一人の人間革命の勝利《しょうり》で荘厳《そうごん》してまいりたい。そして、いよいよ新《あら》たな地涌《じゆ》の宝友《ほうゆう》とスクラムを広《ひろ》げながら、共々《ともども》に師弟不二《していふに》の幸福《こうふく》と勝利《しょうり》の大《だい》道《どう》を走《はし》り抜《ぬ》き、誇《ほこ》りも高《たか》く、洋々《ようよう》たる世界広宣流布の大いなる新舞台《しんぶたい》を切《き》り開《ひら》いていこうではありませんか！

［注　解］

〈注1〉一九五七年（昭和三十二年）、北海道の夕張炭労《ゆうばりたんろう》（炭鉱労働組合《たんこうろうどうくみあい》）が信教《しんきょう》の自由《じゆう》を踏《ふ》みにじり、学会員を圧迫《あっぱく》する動《うご》きに対《たい》して、池田先生は「札幌大会《さっぽろたいかい》」（七月一日）、「夕張大会《ゆうばりたいかい》」（七月二日）で炭労《たんろう》の姿勢《しせい》に強く抗議《こうぎ》した（夕張炭労事件《ゆうばりたんろうじけん》）。また、同年七月、無実《むじつ》の池田先生が選挙違反《せんきょいはん》の嫌疑《けんぎ》で逮捕《たいほ》・起訴《きそ》された（三日から十七日まで勾留《こうりゅう》）。六二年（昭和三十七年）一月、無罪判決《むざいはんけつ》が出された（大阪事件《おおさかじけん》）。

〈注2〉【巌窟王《がんくつおう》】フランスの小説家《しょうせつか》アレクサンドル・デュマ・ペールの作品『モンテ・クリスト伯《はく》』の主人公のこと。日本では黒岩涙香《くろいわるいこう》が翻訳《ほんやく》し、巌窟王《がんくつおう》の名《な》で一般《いっぱん》に親《した》しまれた。戸田先生は、自《みずか》らを「巌窟王《がんくつおう》」となぞらえて、学会の再建《さいけん》、師《し》の正義《せいぎ》の宣揚《せんよう》に命《いのち》を燃《も》やした。

〈注3〉【地涌《じゆ》の菩薩《ぼさつ》】法華経従地涌出品第十五《じゅうじゆじゅっぽんだい》で、釈尊《しゃくそん》が滅後《めつご》における妙法弘通《ぐつう》を託《たく》すべき人々として呼《よ》び出《いだ》した菩薩《ぼさつ》たち。大地から涌出《ゆじゅつ》したので地涌《じゆ》の菩薩《ぼさつ》という。如来神力品第二十《にょらいじんりきほんだい》一で滅後悪世《めつごあくせ》における弘通《ぐつう》が、釈尊《しゃくそん》から地涌《じゆ》の菩薩《ぼさつ》の上首《じょうしゅ》・上行菩薩《じょうぎょうぼさつ》らに託《たく》された。

〈注4〉「生死一大事血脈抄《しょうじいちだいじけつみゃくしょう》」。文永《ぶんえい》九年（一二七二年）、佐渡《さど》・塚原《つかはら》で認《したた》められ、同じく佐渡《さど》に流《る》罪《ざい》中《ちゅう》の最蓮房《さいれんぼう》に与《あた》えられたとされる。生死一大事血脈《しょうじいちだいじけつみゃく》という成仏《じょうぶつ》の要諦《ようてい》に関《かん》する法門《ほうもん》についての質問《しつもん》に答えられた書。

〈注5〉【最蓮房《さいれんぼう》】天台宗《てんだいしゅう》の学僧《がくそう》だったが、何《なん》らかの理由《りゆう》で佐渡《さど》に流《なが》され、そこで日蓮大聖人の弟子《でし》になったと伝《つた》えられている。

〈注6〉「生死一大事血脈抄《しょうじいちだいじけつみゃくしょう》」には、「而《しか》るに貴辺《きへん》・日蓮に随順《ずいじゅん》し又難《またなん》に値《あ》い給《たも》う事《こと》・心中《しんちゅう》思《おも》い遣《や》られて痛《いた》しく候《そうろう》ぞ、金《こがね》は大火《たいか》にも焼《や》けず大水《たいすい》にも漂《ただよ》わず朽《く》ちず・鉄《くろがね》は水火《すいか》共《とも》に堪《た》えず・賢人《けんじん》は金《こがね》の如《ごと》く愚人《ぐにん》は鉄《くろがね》の如《ごと》し・貴辺《きへん》豈真金《あにしんきん》に非《あら》ずや・法華経の金《こがね》を持《たも》つ故《ゆえ》か」（御書一三三七ページ）と示《しめ》されている。

〈注7〉【常楽我浄《じょうらくがじょう》】仏《ほとけ》の生命に具《そな》わる徳目《とくもく》で、四徳波羅蜜《しとくはらみつ》ともいう。常《じょう》とは、仏《ほとけ》が完全《かんぜん》な永遠性《えいえんせい》を実現《じつげん》していること。楽《らく》とは、完全《かんぜん》な安楽《あんらく》。我《が》とは、完全《かんぜん》な主体性《しゅたいせい》。浄《じょう》とは、完全《かんぜん》な清《きよ》らかさをいう。

〈注8〉【ニコラス・ガイヤ博士】一九四四年〜。現象学《げんしょうがく》や意味論《いみろん》などのヨーロッパ哲学《てつがく》を研究した後、仏教を中心とした東洋哲学《てつがく》の研究に専念《せんねん》。アメリカ哲学《てつがく》学会会員、アメリカ宗教学《しゅうきょうがく》会会員。著書に『非暴力《ひぼうりょく》の徳《とく》――釈尊《しゃくそん》からガンジーまで』など。

〈注9〉【四条金吾殿御返事《しじょうきんごどののごへんじ》】弘安《こうあん》二年（一二七九年）の御述作《ごじゅっさく》。四条金吾《しじょうきんご》が、命《いのち》を狙《ねら》う敵《てき》に襲《おそ》われたが無事《ぶじ》だったことを報告《ほうこく》したことに対《たい》する御返事《ごへんじ》。別名《べつめい》「法華経兵法事《ほけきょうへいほうのこと》」。強盛《ごうじょう》な信心があれば、すべての敵《てき》を打《う》ち破《やぶ》ることができると述《の》べられ、「なにの兵法《へいほう》よりも法華経《ほけきょう》の兵《へい》法《ほう》をもちひ給《たも》うべし」（御書一一九二ページ）と指導《しどう》されている。

〈注10〉【四条金吾《しじょうきんご》】日蓮大聖人御在世《ございせ》の門下《もんか》の中心的《ちゅうしんてき》人物の一人。四条中務三郎左衛門尉頼基《しじょうなかつかさのさぶろうざえもんのじょうよりもと》のこと。父の代から引き続《つづ》いて、北条氏《ほうじょうし》の一族・江間氏《えまし》に仕《つか》えた。竜《たつ》の口《くち》の法難《ほうなん》の際《さい》には大聖人の馬《うま》の口《くち》をとってお供《とも》をするなど、生涯《しょうがい》、強盛《ごうじょう》な信心を貫《つらぬ》いた。

〈注11〉【三障四魔《さんしょうしま》】仏道修行《ぶつどうしゅぎょう》を妨《さまた》げる三つの障《さわ》りと四つの魔《ま》のこと。三障《さんしょう》とは煩悩障《ぼんのうしょう》・業障《ごうしょう》・報《ほう》障《しょう》をいい、四魔《しま》とは陰魔《おんま》・煩悩魔《ぼんのうま》・死魔《しま》・天子魔《てんしま》をいう。

〈注12〉【転重軽受《てんじゅうきょうじゅ》】「重《おも》きを転《てん》じて軽《かる》く受《う》く」と読み下《くだ》す。涅槃経《ねはんぎょう》三十一巻《かん》に説《と》かれる。正法《しょうほう》を護持《ごじ》する功徳《くどく》によって、過去世《かこせ》の重罪《じゅうざい》を転《てん》じて、現世《げんぜ》で軽《かる》くその報《むく》いを受《う》けるとの意。

〈注13〉【変毒為薬《へんどくいやく》】「毒《どく》を変《へん》じて薬《くすり》と為《な》す」と読み下《くだ》す。妙法の力《ちから》によって、煩悩《ぼんのう》・業《ごう》・苦《く》の三《さん》道《どう》に支配《しはい》された生命を、法身《ほっしん》・般若《はんにゃ》・解脱《げだつ》という仏《ほとけ》の三徳《さんとく》に満《み》ちた生命へと転換《てんかん》することをいう。『大智度論《だいちどろん》』巻《まき》一〇〇に「大薬師《だいやくし》の能《よ》く毒《どく》を以《もっ》て薬《くすり》と為《な》すが如《ごと》し」と説《と》かれている。

〈注14〉【自行化他《じぎょうけた》】自行《じぎょう》と化他行《けたぎょう》。自行《じぎょう》は、自身《じしん》が仏道修行《ぶつどうしゅぎょう》に励《はげ》むこと。勤行《ごんぎょう》・唱題《しょうだい》。化他行《けたぎょう》は、他の人々を教《おし》え導《みちび》くこと。仏法対話《たいわ》や学会活動《かつどう》。

〈注15〉【クラーク・ストランド氏】一九五七年〜。仏教専門誌《せんもんし》『トライシクル』の元編集長《もとへんしゅうちょう》・客《きゃく》員編集者《いんへんしゅうしゃ》。著書に『SGIと世界宗教《しゅうきょう》の誕生《たんじょう》』など。

自《じ》他《た》共《とも》の幸福《こうふく》願《ねが》う宗教《しゅうきょう》——万人尊敬《ばんにんそんけい》の対話《たいわ》に歓喜《かんき》の劇《げき》

「徒歩《とほ》で、陽気《ようき》に、わたしは大道《だいどう》を歩《ある》き出す」——アメリカの民衆詩人《みんしゅうしじん》ホイットマン〈注1〉は力強《ちからづよ》く謳《うた》いました。

「わたしは思《おも》う、わたしが路上《ろじょう》で行き会《あ》うものは何《なん》であろうとわたしは好《す》きになろう、と、そしてわたしを凝視《ぎょうし》するものは誰《だれ》であろうとわたしを好《す》きになるだろう、

わたしは思《おも》う、わたしが見る誰《だれ》であろうと幸福《こうふく》でなければならない、と」

何《なん》と明《あか》るく、心弾《こころはず》み、喜《よろこ》びが伝《つた》わってくる〝人間讃歌《さんか》〟の詩《し》でしょうか。

真心《まごころ》が織《お》りなす感激《かんげき》の人間ドラマ

私たちも、そうです。創価の大道《だいどう》を歩《あゆ》む私たちの行進《こうしん》には、「桜梅桃李《おうばいとうり》」〈注2〉の輝《かがや》きのまま使命《しめい》に生きる、麗《うるわ》しい喜《よろこ》びの人華《にんげ》が咲《さ》き薫《かお》っています。文化《ぶんか》や民族《みんぞく》の違《ちが》いがどうあれ、社会的《しゃかいてき》な立場《たちば》がどうあれ、互《たが》いに尊敬《そんけい》しあい、友情《ゆうじょう》を育《はぐく》んできました。そこには、無数《むすう》の感激《かんげき》の人間ドラマが誕生《たんじょう》しています。

清新《せいしん》な入会の決意《けつい》を語《かた》る友《とも》。誇《ほこ》らしくガッツポーズをする青年もいる。笑顔《えがお》皺《じわ》が美《うつく》しい多宝《たほう》の父母《ちちはは》。祝福《しゅくふく》の拍手《はくしゅ》にすがすがしい笑《え》みで応《こた》える乙女《おとめ》。宿命転換《しゅくめいてんかん》〈注3〉を誓《ちか》い、瞳《ひとみ》を輝《かがや》かせる婦人もいます。そして、元気《げんき》でにぎやかな子どもたちの声《こえ》。その一人一人に真心《まごころ》と真心《まごころ》が織《お》りなす歓喜《かんき》の劇《げき》があり、幾重《いくえ》にも展転《てんでん》する随喜《ずいき》の広《ひろ》がりがあることでしょう。

慈愛《じあい》に満《み》ちた「民衆《みんしゅう》の幸福広場《こうふくひろば》」

「友《とも》の幸《しあわ》せ」を懸命《けんめい》に祈《いの》り、粘《ねば》り強《づよ》く対話《たいわ》を重《かさ》ねてきた紹介者《しょうかいしゃ》の「一人を大《たい》切《せつ》に」する誠実《せいじつ》さ、真剣《しんけん》さに感動《かんどう》したと語《かた》る新会員の方《かた》もいます。希望《きぼう》の門出《かどで》を地域《ちいき》の同志《どうし》がわが事《こと》のように喜《よろこ》び、皆《みな》で讃《たた》え合《あ》う姿《すがた》もあります。この慈愛《じあい》に満《み》ちた「民衆《みんしゅう》の幸福広場《こうふくひろば》」こそ、わが創価学会です。わが人間宗《にんげんしゅう》の誉《ほま》れです。

どんなに歴史《れきし》や伝統《でんとう》があっても、現実《げんじつ》に多《おお》くの人々を救《すく》う力《ちから》がなければ、それは、〝生きた宗教《しゅうきょう》〟とは言えません。

現実《げんじつ》に自他共《じたとも》の幸福《こうふく》を願《ねが》い、周囲《しゅうい》からの信頼《しんらい》を積《つ》み上《あ》げながら、人々の中へ、社会《しゃかい》の中へ、わが信念《しんねん》と体験《たいけん》を生き生きと伝《つた》え広《ひろ》めていく「行動力《こうどうりょく》」にこそ、「人間の宗教《しゅうきょう》」の生命線《せいめいせん》があるのではないでしょうか。

菩薩行《ぼさつぎょう》こそ大乗仏教《だいじょうぶっきょう》の真髄《しんずい》

自分《じぶん》一人だけの幸福《こうふく》などありえない。反対《はんたい》に、自分《じぶん》だけの不幸《ふこう》も、他人《たにん》だけの不幸《ふこう》もありません。「自他共《じたとも》の幸福《こうふく》」こそ真《しん》の幸福《こうふく》の在《あ》り方《かた》です。不幸《ふこう》な人々を救《すく》い、幸福《こうふく》な人々を増《ふ》やしていくことこそが、仏教本来《ぶっきょうほんらい》の目的《もくてき》であり、仏《ほとけ》の大いなる願《ねが》いなのです。

軍部政府《ぐんぶせいふ》の弾圧《だんあつ》にも、正義《せいぎ》を叫《さけ》ばれた初代会長・牧口常三郎《つねさぶろう》先生は、こう語《かた》られました。

「信《しん》ずるだけでも御願《おねが》いをすれば御利益《ごりやく》はあるに相違《そうい》ないが、ただそれだけでは菩薩行《ぼさつぎょう》にはならない。自分《じぶん》ばかり御利益《ごりやく》を得《え》て、他人《たにん》に施《ほどこ》さぬような個人《こじん》主義《しゅぎ》の仏《ほとけ》はないはずである。菩薩行《ぼさつぎょう》をせねば仏《ほとけ》にはなられぬのである。即《すなわ》ち親《おや》心《ごころ》になって他人《たにん》に施《ほどこ》すのが真《しん》の信者《しんじゃ》であり、かつ行者《ぎょうじゃ》である」と。獄中《ごくちゅう》で逝去《せいきょ》される二年前（一九四二年）の指導《しどう》です。

ここでは、大乗仏教《だいじょうぶっきょう》の真髄《しんずい》である利他《りた》の実践《じっせん》について、自他共《じたとも》の幸福《こうふく》の観点《かんてん》から学びます。最初《さいしょ》は「御義口伝《おんぎくでん》」〈注4〉の一節《いっせつ》です。

御義口伝《おんぎくでん》

御文

（御書七六九ページ十六行目～十七行目）

自他不二《じたふに》の礼拝《らいはい》なり、其《そ》の故《ゆえ》は不軽菩薩《ふきょうぼさつ》の四衆《ししゅ》を礼拝《らいはい》すれば上慢《じょうまん》の四衆所具《ししゅしょぐ》の仏性又《ぶっしょうまた》不軽菩薩《ふきょうぼさつ》を礼拝《らいはい》するなり、鏡《かがみ》に向《むか》って礼拝《らいはい》を成《な》す時浮《ときうか》べる影《かげ》又《また》我《われ》を礼拝《らいはい》するなり云云《うんぬん》

現代語訳

（不軽菩薩《ふきょうぼさつ》の礼拝《らいはい》は）自他不二《じたふに》の礼拝《らいはい》である。

なぜかといえば、不軽菩薩《ふきょうぼさつ》が四衆《ししゅ》を礼拝《らいはい》すれば、増上慢《ぞうじょうまん》の四衆《ししゅ》の仏《ぶっ》性《しょう》もまた同時《どうじ》に、不軽菩薩《ふきょうぼさつ》を礼拝《らいはい》するのである。

これは、ちょうど、鏡《かがみ》に向《む》かって礼拝《らいはい》する時《とき》、そこに映《うつ》っている自《じ》

分《ぶん》の影《かげ》もまた自分《じぶん》を礼拝《らいはい》するのと同《おな》じ原理《げんり》である。

万人《ばんにん》を敬《うやま》い、礼拝《らいはい》する不軽《ふきょう》の実践《じっせん》

末法《まっぽう》の実践《じっせん》の手本《てほん》として、法華経には、「不軽菩薩《ふきょうぼさつ》」〈注5〉という、まだ修《しゅ》行《ぎょう》の位《くらい》が浅《あさ》い菩薩《ぼさつ》が説《と》かれています。

不軽菩薩《ふきょうぼさつ》は、およそ見る人、会《あ》う人、どんな人に対《たい》しても、礼拝《らいはい》・讃嘆《さんたん》して、「私はあなたたちを敬《うやま》う。なぜなら、あなたたちは菩薩《ぼさつ》の修行《しゅぎょう》をすれば、仏《ほとけ》になるからです」と語《かた》りかけました。

ところが人々は、この不軽菩薩《ふきょうぼさつ》に対《たい》して、「余計《よけい》なお世話《せわ》だ」とばかりに反《はん》発《ぱっ》し、非難《ひなん》を浴《あ》びせ、杖《つえ》や木で打《う》とうとしたり、瓦《かわら》や石を投《な》げつけたり、暴力《ぼうりょく》で攻撃《こうげき》しました。しかし不軽菩薩《ふきょうぼさつ》は怯《ひる》みません。暴力《ぼうりょく》を賢《かしこ》く、さっと避《さ》けながら、遠《とお》く離《はな》れてから大声《おおごえ》で「それでも私は、あなた方《がた》を軽《かろ》んじません。皆《みな》さんは必《かなら》ず仏《ほとけ》になる人なのです」と叫《さけ》び、絶対《ぜったい》に礼拝行《らいはいぎょう》を止《や》めなかったというのです。

増上慢《ぞうじょうまん》の人々の仏性《ぶっしょう》が働《はたら》きだす

不軽菩薩《ふきょうぼさつ》の言葉《ことば》を受《う》け入《い》れず、かえって怒《いか》り、不軽《ふきょう》を迫害《はくがい》した人たちは、「上慢《じょうまん》の四衆《ししゅ》」〈注6〉と呼《よ》ばれます。仏《ほとけ》が説《と》く真実《しんじつ》さえも受《う》け入《い》れようとしない本質《ほんしつ》には、無明《むみょう》〈注7〉に支配《しはい》された慢心《まんしん》があるからです。

御文では、「鏡《かがみ》」の譬《たと》えが示《しめ》されています。私たちが鏡《かがみ》に向《む》かって最敬礼《さいけいれい》をすれば、鏡《かがみ》に映《うつ》っている鏡像《きょうぞう》（影《かげ》）も、こちらに向《む》かって最敬礼《さいけいれい》をします。同《おな》じように、上慢《じょうまん》の四衆自身《ししゅじしん》の己心《こしん》の仏性《ぶっしょう》〈注8〉は、自分《じぶん》では気づかずとも、不軽菩薩《ふきょうぼさつ》を礼拝《らいはい》しているのだと仰《おお》せなのです。

生命《せいめい》と生命《せいめい》が向《む》き合《あ》い、出会《であ》うドラマを、仏法の透徹《とうてつ》した眼《まなこ》は、このようにダイナミックに捉《とら》えているのです。

この御文《ごもん》は、牧口先生も線《せん》を引《ひ》いて大切《たいせつ》に拝《はい》されていました。

仏法対話《たいわ》をして、その時《とき》は相手《あいて》から無理解《むりかい》な批判《ひはん》などを受《う》けたとしても、一喜《いっき》一憂《いちゆう》する必要《ひつよう》はありません。真剣《しんけん》に友《とも》の幸福《こうふく》を祈《いの》り、誠心誠意《せいしんせいい》で語《かた》ったことは、必《かなら》ず相手《あいて》の生命《せいめい》に届《とど》いています。互《たが》いの生命《せいめい》の奥底《おうてい》で、仏性《ぶっしょう》が仏性《ぶっしょう》にあいさつし、呼《よ》びかけているのです。

自他共《じたとも》の尊厳性《そんげんせい》への目覚《めざ》め

さて、この不軽菩薩《ふきょうぼさつ》の「人を敬《うやま》う」実践《じっせん》というのは、実《じつ》は「折伏《しゃくぶく》」と同《おな》じです。

わが恩師《おんし》・戸田城聖《じょうせい》先生は、常々《つねづね》、私たち学会員に、「悩《なや》みがあるならば、折伏《しゃくぶく》をするのだ！」「折伏《しゃくぶく》の中で自身《じしん》の宿命転換《しゅくめいてんかん》もできるのだ！」と教《おし》えられました。

折伏《しゃくぶく》とは、相手《あいて》を論破《ろんぱ》するとか、打《う》ち負《ま》かすことではありません。誰《だれ》もが仏《ぶっ》性《しょう》を具《そな》えた尊極《そんごく》の存在《そんざい》であり、その「自他共《じたとも》の」尊厳性《そんげんせい》に目覚《めざ》めよという励《はげ》ましであり、呼《よ》びかけです。不軽菩薩《ふきょうぼさつ》の振《ふ》る舞《ま》いそのものです。それは、自身《じしん》の「諦《あきら》め」「無力感《むりょくかん》」などの無明《むみょう》の氷壁《ひょうへき》を破《やぶ》る戦《たたか》いでもあります。

他者《たしゃ》の誰《だれ》かを折伏《しゃくぶく》しつつも、実《じつ》は、自分自身《じぶんじしん》の無明《むみょう》、煩悩《ぼんのう》（仏道修行《ぶつどうしゅぎょう》の妨《さまた》げとなる欲望《よくぼう》や怒《いか》りや愚《おろ》かなどの迷《まよ》い）を折伏《しゃくぶく》しているのです。だから、悩《なや》みに負《ま》けない、強《つよ》い自分《じぶん》になれる。自身《じしん》の境涯《きょうがい》の変革《へんかく》も宿命転換《しゅくめいてんかん》も、断固《だんこ》と成《な》し遂《と》げていけるのです。その意味《いみ》で、折伏《しゃくぶく》の本義《ほんぎ》とは、自身《じしん》の〝臆病《おくびょう》や怠惰《たいだ》、迷《まよ》いの心《こころ》を折《お》り伏《ふ》す〟ことであり、それが、自他共《じたとも》の〝無明《むみょう》を折《お》り伏《ふ》す〟ことになるとも言《い》えるでしょう。

他者《たしゃ》に呼《よ》びかける仏法者の行動《こうどう》

仏法対話《たいわ》とは、〝自分《じぶん》が覚《さと》ってから他人《たにん》に教《おし》えよう〟というものではありません。自分《じぶん》はまだ修行《しゅぎょう》の途上《とじょう》であっても、師匠《ししょう》の教《おし》える通《とお》りに、自分《じぶん》から他者《たしゃ》に関《かか》わり、他者《たしゃ》に呼《よ》びかけていくのです。

もともと仏教《ぶっきょう》は、釈尊《しゃくそん》が自《みずか》ら覚《さと》った真理《しんり》を人々に伝《つた》えようと行動《こうどう》を起《お》こしたところから誕生《たんじょう》しました。その弘教《ぐきょう》の始《はじ》まりは、釈尊《しゃくそん》が五人の旧友《きゅうゆう》に会《あ》いに行《い》ったことです。そこで、じっくりと語《かた》り合《あ》う中で、まず一人の友《とも》が納得《なっとく》し、さらに一人また一人と、同志《どうし》が生まれていったのです。

何《なん》のために、法《ほう》を説《と》き弘《ひろ》めるのか。釈尊《しゃくそん》が弟子《でし》たちに呼《よ》びかけた言葉《ことば》には、〝多《おお》くの人々の利益《りやく》と幸福《こうふく》のために、「人間の中へ」歩《あゆ》んで行《い》こう〟――とあります〈注9〉。自分《じぶん》一人が覚《さと》って終《お》わるのではない。「自他共《じたとも》に」なのです。これが「人間のための宗教《しゅうきょう》」です。

折伏《しゃくぶく》の根底《こんてい》は「慈悲《じひ》の行《ぎょう》」

「御義口伝《おんぎくでん》」の別《べつ》の一節《いっせつ》には、不軽菩薩《ふきょうぼさつ》の礼拝行《らいはいぎょう》は、全《すべ》ての人が必《かなら》ず仏《ほとけ》になると信《しん》じ抜《ぬ》いての振《ふ》る舞《ま》いであり、その根底《こんてい》は「慈悲《じひ》」であるとも示《しめ》されています〈注10〉。

戸田先生は、折伏《しゃくぶく》は「慈悲《じひ》の行《ぎょう》」だと断言《だんげん》されました。そして「慈悲《じひ》の行《ぎょう》は、仏《ほとけ》の仕事《しごと》であり、真《しん》に尊《とうと》いことである。なんとなれば、自己《じこ》が永遠《えいえん》の幸福《こうふく》をつかむと同時《どうじ》に、他《た》の貧窮《びんぐ》の衆生《しゅじょう》にも、その幸福《こうふく》を分《わ》け与《あた》えようとするのであるから、これ以上尊《いじょうとうと》い仕事《しごと》はない」と言《い》われました。ここでも、目指《めざ》すところは「自他共《じたとも》の幸福《こうふく》」です。

ともに先生は、慈悲《じひ》といっても、なかなか凡夫《ぼんぷ》には出せるものではない。凡夫《ぼんぷ》は「勇気《ゆうき》」をもって慈悲《じひ》に代《か》えるのだと、教《おし》えてくださいました。あの友《ゆう》人《じん》に会《あ》うのも勇気《ゆうき》。会《あ》って語《かた》るのも勇気《ゆうき》です。勇気《ゆうき》が、仏《ほとけ》の慈悲《じひ》の行動《こうどう》を生《う》むのです。私たちの折伏《しゃくぶく》――仏法対話《たいわ》は、常《つね》に勇気《ゆうき》の一歩《いっぽ》から生命変革《せいめいへんかく》の波《なみ》を起《お》こすのです。

仏《ほとけ》を仏《ほとけ》たらしめる「根源《こんげん》の種《たね》」

大聖人は「三世十方《さんぜじっぽう》の仏《ほとけ》は必《かなら》ず妙法蓮華経《みょうほうれんげきょう》の五字《ごじ》を種《たね》として仏《ほとけ》になり給《たま》へり」（御書一〇七二ジペー）と仰《おお》せです。妙法は一切《いっさい》の仏《ほとけ》が仏《ほとけ》となった根源《こんげん》の種子《しゅし》です。

さらに、「法華経は種《たね》の如《ごと》く仏《ほとけ》はうへての如《ごと》く衆生《しゅじょう》は田《た》の如《ごと》くなり」（御書一〇五六ジペー）とも示《しめ》されています。衆生《しゅじょう》の生命《せいめい》に仏《ほとけ》の種《たね》が植《う》われれば、必《かなら》ず仏《ほとけ》となるという法理《ほうり》です。

したがって、日蓮仏法の実践《じっせん》では、仏《ほとけ》の種《たね》を衆生《しゅじょう》という田に下《お》ろす「下種《げしゅ》」が最《もっと》も大事《だいじ》になります。その下種《げしゅ》とは、何《なに》か特別《とくべつ》なことではありません。自分《じぶん》の縁《えん》した人々に会《あ》い、一言《ひとこと》でもよい、妙法を語《かた》ることです。ありのままに、仏法の偉大《いだい》さを伝《つた》えることです。それが万人《ばんにん》の生命《せいめい》に本来具《ほんらいそな》わる仏性《ぶっしょう》を触発《しょくはつ》し、芽生《めば》え、開花《かいか》させていくのです。

次《つぎ》に、この下種《げしゅ》仏法の意義《いぎ》を、「法華初心成仏抄《ほっけしょしんじょうぶつしょう》」〈注11〉の一節《いっせつ》を拝《はい》して学びます。

法華初心成仏抄《ほっけしょしんじょうぶつしょう》

御文

（御書五五二ジペー十一行目〜十六行目）

法華経《ほけきょう》を耳《みみ》にふれぬれば是《これ》を種《たね》として必《かなら》ず仏《ほとけ》になるなり、されば天台妙楽《てんだいみょうらく》も此《こ》の心《こころ》を以《もっ》て強《し》いて法華経《ほけきょう》を説《と》くべしとは釈《しゃく》し給《たま》へり（中略）とてもかくても法華経《ほけきょう》を強《し》いて説《と》き聞《き》かすべし、信《しん》ぜん人は仏《ほとけ》になるべし謗《ぼう》ぜん者《もの》は毒鼓《どっく》の縁《えん》となって仏《ほとけ》になるべきなり、何《いか》にとしても仏《ほとけ》の種《たね》は法華経《ほけきょう》より外《ほか》になきなり

現代語訳

法華経を耳《みみ》に触《ふ》れるならば、これを種《たね》として、必《かなら》ず仏《ほとけ》になるのである。ゆえに、天台大師《てんだいだいし》や妙楽大師《みょうらくだいし》もこの心《こころ》をもって、強《し》いて法華経を説《と》くべきであると釈《しゃく》しているのである。(中略)とにもかくにも、法華経を強《し》いて説《と》き聞《き》かせるべきである。信《しん》ずる人は仏《ほとけ》になり、謗《そし》る者《もの》は毒《どっ》鼓《く》の縁《えん》となって仏《ほとけ》になるのである。どのようにしても、仏《ほとけ》の種《たね》は、法華経より外《ほか》にないのである。

耳根得道《にこんとくどう》ゆえに声《こえ》を聞《き》かせること

法華経すなわち「妙法蓮華経《みょうほうれんげきょう》の五字《ごじ》」は、一切《いっさい》の仏《ほとけ》の種《たね》です。ゆえに、この濁世末法《じょくせまっぽう》において初《はじ》めて発心《ほっしん》した者《もの》(初心《しょしん》)であっても、「法華経を耳《みみ》に触《ふ》れるならば、これを種《たね》として、必《かなら》ず仏《ほとけ》になる」との大確信《だいかくしん》が示《しめ》されています。

「耳《みみ》に触《ふ》れ」とは五根《ごこん》(眼《め》・耳《みみ》・鼻《はな》・舌《した》・身《み》)のうち「耳根《にこん》」を特記《とっき》されてい

ます。この世界は「耳根得道《にこんとくどう》」〈注12〉の国だからです。

法華経の話《はなし》を人から聞《き》いただけでも、声が縁《えん》となって「仏種《ぶっしゅ》」〈注13〉が生《せい》命《めい》に蒔《ま》かれたのであり、その人の成仏《じょうぶつ》は間違《まちが》いない、絶対《ぜったい》に幸《しあわ》せにならないはずがないということです。相手《あいて》が仮《かり》に耳《みみ》を傾《かたむ》けなくとも、また、たとえ聴覚《ちょうかく》が働《はたら》かなくとも、「仏《ほとけ》の声《こえ》」は必《かなら》ずその人《ひと》の生命《せいめい》には届《とど》きます。

誰《だれ》かに法華経の話《はなし》をする、信心の喜《よろこ》びや確信《かくしん》を語《かた》る、あるいは題目の音声《おんじょう》を聞《き》かせる――それは全《すべ》て、相手《あいて》の生命《せいめい》の大地《だいち》に「仏《ほとけ》の種《たね》」を下《お》ろす、「下種《げしゅ》」になっている。仏性《ぶっしょう》の開花《かいか》を促《うなが》していくのです。

人はそれぞれ個性《こせい》も境遇《きょうぐう》も違《ちが》います。悩《なや》みも苦《くる》しみも千差万別《せんさばんべつ》です。しかし仏《ほとけ》の眼《まなこ》から見るならば、誰《だれ》もが生老病死《しょうろうびょうし》の苦海《くかい》にある、いじらしい衆生《しゅじょう》です。その一人一人に、一切衆生《いっさいしゅじょう》の大良薬《だいりょうやく》たる妙法を与《あた》えるのです。粘《ねば》り強《づよ》く、生命《せいめい》の共鳴板《きょうめいばん》に呼《よ》びかけていくのです。

御文《ごもん》に「強《し》いて」とあります。「強《し》いて」とは、〝強引《ごういん》に〟という意味《いみ》ではありません。〝あえて〟です。人と人との善《ぜん》のつながりを求《もと》めて、積極的《せっきょくてき》に触《ふ》れていくことです。

相手《あいて》の機根《きこん》や反応《はんのう》に翻弄《ほんろう》されるのではなく、あえて関《かか》わり、あえて説《と》くのです。あえて正義《せいぎ》を語《かた》るのです。これが折伏《しゃくぶく》であり、仏法対話です。その本質《ほんしつ》は、下種《げしゅ》の活動《かつどう》です。厳然《げんぜん》と「仏《ほとけ》の種《たね》」を蒔《ま》いているからです。

どんな人にも仏性《ぶっしょう》がある、と言《い》われても、凡夫《ぼんぷ》の眼《まなこ》には見えません。そもそも、自分《じぶん》の仏性《ぶっしょう》だって見えない。凡夫《ぼんぷ》の凡夫《ぼんぷ》たるゆえんです。しかし、「石《いし》の中《なか》に火《ひ》あり」（御書一四九一ジペー）の譬喩《ひゆ》の如《ごと》く、「仏《ほとけ》と申《もう》す事《こと》も我等《われら》の心《こころ》の内《うち》にをはします」（同）との御本仏《ごほんぶつ》の仰《おお》せを信《しん》じること、すなわち、妙法こそが万人《ばんにん》成仏《じょうぶつ》の法《ほう》であると信《しん》じることはできます。この信心の眼《まなこ》で相手《あいて》に向《む》き合《あ》うのです。聞《き》いてくれるかどうかでなく、強《し》いて語《かた》るのです。

日蓮大聖人は、在家《ざいけ》の門下《もんか》に「其《そ》の国《くに》の仏法《ぶっぽう》は貴辺《きへん》にまかせ任たてまつり候《そうろう》ぞ」（御書一四六七ジペー）と信頼《しんらい》し託《たく》されたうえで「仏種《ぶっしゅ》は縁《えん》に従《よ》って起《おこ》る」（同）

と仰《おお》せられました〈注14〉。仏性《ぶっしょう》を薫発《くんぱつ》する下種結縁《げしゅけちえん》という「縁《えん》」が、どれほど大切《たいせつ》か。

相手《あいて》の生命《せいめい》に必《かなら》ずある仏性《ぶっしょう》を呼《よ》び覚《さ》ますには、仏種《ぶっしゅ》を植《う》えるしかありません。仏《ほとけ》の性分《しょうぶん》は、仏縁《ぶつえん》によって発動《はつどう》するからです。だからこそ、仏法対話《たいわ》をするのです。それが必《かなら》ず、相手《あいて》の仏性《ぶっしょう》を呼《よ》び覚《さ》ます最極《さいごく》の縁《えん》となるのです。また、「仏《ほとけ》の種《たね》」を蒔《ま》けば、「一句妙法《いっくみょうほう》に結縁《けちえん》すれば億劫《おくごう》にも失《う》せずして」（御書七九三ページ）と仰《おお》せのように、その種《たね》は未来永遠《みらいえいえん》に消《き》えてなくなることはありません。

「折伏《しゃくぶく》すれば信用《しんよう》が残《のこ》る」

私も十九歳《さい》で入信以来《いらい》、家族《かぞく》や友人《ゆうじん》へ、近隣《きんりん》の知人《ちじん》へと、身近《みぢか》な関係《かんけい》から対《たい》話《わ》を広《ひろ》げていきました。私の話《はなし》に、頷《うなず》いて耳《みみ》を傾《かたむ》けてくれる人もいれば、そうでない態度《たいど》の人もいました。真心《まごころ》込《こ》めて書《か》いた手紙《てがみ》を全部《ぜんぶ》、送《おく》り返《かえ》されたこともあります。どうして、こんなに仏法を求《もと》める人が少《すく》ないのかと思《おも》った時《とき》もありました。

しかし、人間は誰人《たれびと》たりとも生老病死《しょうろうびょうし》の苦悩《くのう》は避《さ》けられない。心の奥底《おうてい》では皆《みな》、この生死流転《しょうじるてん》を乗《の》り越《こ》える妙法を欲《ほっ》しているのです。

私は、ともかく少《すこ》しでも、仏縁《ぶつえん》を結《むす》べるように、そして出会《であ》った人たちが絶《ぜっ》対《たい》に幸福《こうふく》になるようにと祈《いの》り抜《ぬ》き、語《かた》り抜《ぬ》きました。その中で、誠実《せいじつ》に対話を重《かさ》ねて実《みの》った折伏《しゃくぶく》は、何《なに》にも増《ま》してうれしいことでした。

私の折伏《しゃくぶく》の場《ば》に、わざわざ戸田先生が来てくださったこともあります。未熟《みじゅく》な一青年のために、本当にありがたい師匠《ししょう》でした。

「折伏《しゃくぶく》すれば信用《しんよう》が残《のこ》る」と、先生は言《い》われました。相手《あいて》の幸福《こうふく》を祈《いの》り、真《しん》剣《けん》に語《かた》るのです。信心する、しないにかかわらず、その大誠実《だいせいじつ》が通《つう》じないわけがありません。

青年時代に対話《たいわ》しながら信心できなかった友人《ゆうじん》とも交流《こうりゅう》を続《つづ》けてきました。

若《わか》き日の詩《し》に詠《よ》んだ通《とお》り、たとえ人生の歩《あゆ》む道《みち》は異《こと》なっても、「君《きみ》に幸《さち》あれわが友《とも》よ」と願《ねが》う心《こころ》は今《いま》も決《けっ》して変《か》わりません。

そうやって積《つ》み上《あ》げてきた一つ一つの対話《たいわ》は全《すべ》て、黄金不滅《おうごんふめつ》の人生の財《たから》です。そして、この挑戦《ちょうせん》の一切《いっさい》が、やがて世界の知性《ちせい》との対話《たいわ》にも生《い》かされていくのです。

一句《いっく》でも語《かた》る人は「如来《にょらい》の使《つか》い」

御文《ごもん》の中に「毒鼓《どっく》の縁《えん》」〈注15〉とあります。正法《しょうほう》を聞《き》いて謗《そし》ったり、反発《はんぱつ》しても、それが正法《しょうほう》への縁《えん》となり、やがて必《かなら》ず得道《とくどう》するのです。法華経という「仏《ほとけ》の種《たね》」を蒔《ま》く作業《さぎょう》とは、「一人も残《のこ》らず幸福《こうふく》に!」との仏《ほとけ》の誓願《せいがん》を、相手《あいて》の生命《せいめい》に刻《きざ》みつけていく言論戦《げんろんせん》ともいえるのではないでしょうか。

大聖人は、四条金吾《しじょうきんご》へのお手紙《てがみ》などに法華経法師品第十《ほっしほんだい》の文《もん》を引《ひ》かれています。すなわち、「若《も》し善男子善女人《ぜんなんしぜんにょにん》我《わ》が滅度《めつど》の後《のち》に能《よ》く竊《ひそ》かに一人《いちにん》の為《ため》にも法《ほ》華経《けきょう》の乃至《ないし》一句《いっく》を説《と》かん、当《まさ》に知《し》るべし是《こ》の人《ひと》は則《すなわ》ち如来《にょらい》の使《つかい》如来《にょらい》の所遣《しょけん》として如来《にょらい》の事《じ》を行《ぎょう》ずるなり」（御書一一二一ジペー）と。

ただ一人のために、どこまでも目《め》の前の一人に向き合い、法華経の一句《いっく》でも語《かた》る人は、「如来《にょらい》の使《つか》い」「仏《ほとけ》の使《つか》い」であると、大賞讃《だいしょうさん》してくださっている経《きょう》文《もん》なのです。

世界中《せかいじゅう》の人々の幸福《こうふく》を願《ねが》う

戸田先生は戦後再刊《せんごさいかん》した機関紙《きかんし》「価値創造《かちそうぞう》」の第《だい》一号《ごう》に「折伏《しゃくぶく》の功徳《くどく》」と題《だい》する巻頭言《かんとうげん》を発表《はっぴょう》されました（一九四六年六月）。

その結《むす》びに「私どもは、相手《あいて》の、きらい、すきにかかわらず、この妙法を受《じゅ》持《じ》させて、無限《むげん》に湧《わ》きくる幸福《こうふく》を、世界万民《せかいばんみん》におくろうではありませんか」と訴《うった》えられています。

日本中が敗戦《はいせん》の不幸《ふこう》の渦中《かちゅう》にあった時《とき》に、ただ一人、「広宣流布の大誓願《だいせいがん》」

に立たれた先生のお心《こころ》は、すでに小さな国土《こくど》を遥《はる》かに超《こ》えて、「世界万民《ばんみん》」の幸福《こうふく》を願《ねが》っておられた。

以来《いらい》七十数年《すうねん》、事実《じじつ》の上で、「地涌《じゆ》の義《ぎ》」〈注16〉のそのままに、地球上《ちきゅうじょう》のあらゆる場所《ばしょ》に、仏法の対話《たいわ》の旗《はた》が翻《ひるがえ》っているのです。

「希望《きぼう》の種《たね》」「幸福《こうふく》の種《たね》」「平和《へいわ》の種《たね》」を！

御書に「力《ちから》あらば一文一句《いちもんいっく》なりともか《談》たらせ給《たも》うべし」（一三六一㌻）——随《ずい》力《りき》弘通《ぐつう》、すなわち、力《ちから》の限《かぎ》り語《かた》っていきなさいと仰《おお》せです。

世界広宣流布の大誓願《だいせいがん》に生き、崇高《すうこう》な使命《しめい》を果《は》たしゆく労苦《ろうく》の全《すべ》ては、「今《こん》生人界《じょうにんかい》の思出《おもいで》」（御書四六七㌻）と輝《かがや》くとともに、この我《われ》ら創価の前進《ぜんしん》が、未来《みらい》の人類《じんるい》を照《て》らす大道《だいどう》を開《ひら》いていくことは、絶対《ぜったい》に間違《まちが》いありません。

私たちは、何《なに》があろうが、いよいよ勇気《ゆうき》も凛々《りんりん》と、妙法という「希望《きぼう》の種《たね》」、「幸福《こうふく》の種《たね》」、「平和《へいわ》の種《たね》」を蒔《ま》いていこうではありませんか！

［注　解］

〈注1〉【ホイットマン】一八一九年〜九二年。アメリカの詩人《しじん》。植字工《しょくじこう》や新聞記者《しんぶんきしゃ》などをしながら、詩《し》や小説《しょうせつ》を執筆《しっぴつ》。詩集《ししゅう》『草の葉』の増補《ぞうほ》・改訂《かいてい》を生涯続《しょうがいつづ》ける。自由《じゆう》な形式《けいしき》で人間讃歌《さんか》を謳《うた》い、アメリカ・ルネサンスの旗手《きしゅ》として、思想《しそう》・文学に大きな影響《えいきょう》をあたえた。引用《いんよう》は、「大道《だいどう》の歌《うた》」（『詩集《ししゅう》　草の葉』富田砕花訳、第三文明社）。

〈注2〉【桜梅桃李《おうばいとうり》】桜《さくら》は桜《さくら》、梅《うめ》は梅《うめ》、桃《もも》は桃《もも》、李《すもも》は李《すもも》というように、万人《ばんにん》がそれぞれの個性《こせい》や多《た》様性《ようせい》に従《したが》って、ありのままの姿形《すがたかたち》を改《あらた》めることなく、自分《じぶん》らしく花を咲《さ》かせて生《い》き抜《ぬ》いていくこと。

〈注3〉【宿命転換《しゅくめいてんかん》】定《さだ》まって変《か》えがたいと思われる運命《うんめい》であっても、正しい仏法の実践《じっせん》によって転換《てんかん》できること。日蓮大聖人の仏法では、法華経に基《もと》づいて、万人《ばんにん》の内に仏界《ぶっかい》（仏《ほとけ》の生《せい》命《めい》）が具《そな》わっており、それを開《ひら》くことで成仏《じょうぶつ》し宿命転換《しゅくめいてんかん》できると説《と》く。

〈注4〉【御義口伝《おんぎくでん》】日蓮大聖人が、身延《みのぶ》で法華経の要文《ようもん》を講義《こうぎ》され、それを日興上人《にっこうしょうにん》（一二四六年〜一三三三年。日蓮大聖人の後継《こうけい》の弟子《でし》）が筆録《ひつろく》したと伝《つた》えられている。上下二巻《かん》からなる。

〈注5〉【不軽菩薩《ふきょうぼさつ》】法華経常不軽菩薩品第二十《じょうふきょうぼさつほんだい》に説《と》かれる菩薩《ぼさつ》。釈尊《しゃくそん》の過去世《かこせ》の姿《すがた》で、威音王仏《いおんのうぶつ》の像法時代《ぞうほうじだい》の末《すえ》に、「我《われ》は深《ふか》く汝等《なんだち》を敬《うやま》い、敢《あ》えて軽慢《きょうまん》せず。所以《ゆえん》は何《いか》ん、汝等《なんだち》は皆菩薩《みなぼさつ》の道《どう》を行《ぎょう》じて、当《まさ》に作仏《さぶつ》することを得《う》べければなり」（法華経五五七ジ）と、万人《ばんにん》を礼拝《らいはい》した。慢心《まんしん》の人々から迫害《はくがい》を受《う》けたが、礼拝行《らいはいぎょう》を貫《つらぬ》き通《とお》し、その修行《しゅぎょう》が因《いん》となって成仏《じょうぶつ》した。

〈注6〉【上慢《じょうまん》の四衆《ししゅ》】「上慢《じょうまん》」は増上慢《ぞうじょうまん》のこと。まだ仏法を体得《たいとく》していないのに、体得《たいとく》したと思って慢心《まんしん》を起《お》こし、自分が優《すぐ》れていると思うこと。「四衆《ししゅ》」とは、比丘《びく》（出家《しゅっけ》の男性《だんせい》）・比丘尼《びくに》（出家《しゅっけ》の女性《じょせい》）・優婆塞《うばそく》（在家《ざいけ》の男性《だんせい》）・優婆夷《うばい》（在家《ざいけ》の女性《じょせい》）の人々。

〈注7〉【無明《むみょう》】生命《せいめい》の根源的《こんげんてき》な無知《むち》。究極《きゅうきょく》の真実《しんじつ》を明《あ》かした妙法を信《しん》じられず理解《りかい》できない癡《おろ》かさ。また、その無知《むち》から起《お》こる暗《くら》い衝動《しょうどう》。

〈注8〉【仏性《ぶっしょう》】成仏《じょうぶつ》の因《いん》として一切衆生《いっさいしゅじょう》に元来具《がんらいそな》わっている仏《ほとけ》の性分《しょうぶん》、本性《ほんしょう》。仏界《ぶっかい》。

〈注9〉「多《おお》くの人々の利益《りやく》のために、多《おお》くの人々の幸《しあわ》せのために、世間《せけん》の人々をあわれむために、神々《かみがみ》および人間の利益《りやく》のために、幸《しあわ》せのために、遍歴《へんれき》をなせ。一つの道《みち》を二人で行くな。修行僧《しゅぎょうそう》たちよ。始《はじ》めもみごとであり、中間《ちゅうかん》もみごとであり、終《おわ》りもみごとであり、意《い》義《ぎ》があり、文句《もんく》も立派《りっぱ》である教《おし》えを説《と》け。完全《かんぜん》で浄《きよ》らかな清浄行《しょうじょうぎょう》を顕示《けんじ》せよ」（『ブッダ悪魔との対話』中村元訳、岩波文庫）

〈注10〉「御義口伝《おんぎくでん》に云《いわ》く不軽礼拝《ふきょうらいはい》の行《ぎょう》は皆当作仏《かいとうさぶつ》と教《おし》うる故《ゆえ》に慈悲《じひ》なり、既《すで》に杖木瓦石《じょうもくがしゃく》を以《もっ》て打《ちょう》擲《ちゃく》すれども而強毒之《にごうどくし》するは慈悲《じひ》より起《おこ》れり、仏心《ぶっしん》とは大慈悲心是《だいじひしんこれ》なりと説《と》かれたれば礼拝《らいはい》の住処《じゅうしょ》は慈悲《じひ》なり云云《うんぬん》」（御書七六九ページ）

〈注11〉【法華初心成仏抄《ほっけしょしんじょうぶつしょう》】本抄《ほんしょう》の詳細《しょうさい》な背景等《はいけいとう》は不明《ふめい》だが、内容《ないよう》から、かつて念仏《ねんぶつ》を唱《とな》えていた女性門下《じょせいもんか》に、法華経信仰《しんこう》の基本《きほん》を教《おし》えられている御書であると拝《はい》される。

〈注12〉【耳根得道《にこんとくどう》】仏法を耳《みみ》で聞《き》くことによって衆生《しゅじょう》が成仏得道《じょうぶつとくどう》すること。御書に「此《こ》の娑婆世《しゃばせ》界《かい》は耳根得道《にこんとくどう》の国《くに》なり」「是《これ》を耳《みみ》に触《ふ》るる一切衆生《いっさいしゅじょう》は功徳《くどく》を得《う》る衆生《しゅじょう》なり」（四一五ページ）と説《と》かれている。

〈注13〉【仏種《ぶっしゅ》】成仏《じょうぶつ》の根本因《こんぽんいん》を植物《しょくぶつ》の種《たね》に譬《たと》えたもの。ここでは衆生《しゅじょう》の仏性《ぶっしょう》を開発《かいはつ》する仏《ほとけ》の教法《きょうほう》のこと。法華経（妙法蓮華経）が真実《しんじつ》の仏種《ぶっしゅ》となる。

〈注14〉法華経方便品第《ほうべんぼんだい》二に、「仏種《ぶっしゅ》は縁従《えんよ》り起《お》こると知《し》ろしめす」（法華経一三八ページ）とある。

〈注15〉【毒鼓《どっく》の縁《えん》】毒鼓《どっく》とは毒《どく》を塗《ぬ》った太鼓《たいこ》のことで、この音を耳にした者《もの》は、皆《みな》、死《し》ぬとされた。死《し》ぬとは「煩悩《ぼんのう》が死《し》ぬ」ことの譬《たと》えで、逆縁《ぎゃくえん》の功徳《くどく》を教《おし》えている。涅槃経巻《ねはんぎょうまき》九に説《と》かれる。

〈注16〉【地涌《じゆ》の義《ぎ》】「諸法実相抄《しょほうじっそうしょう》」に「日蓮一人《いちにん》はじめは南無妙法蓮華経と唱《とな》へしが、二人《ににん》・三《さん》人《にん》・百人《ひゃくにん》と次第《しだい》に唱《とな》へつたふるなり、未来《みらい》も又《また》しかるべし、是《これ》あに地涌《じゆ》の義《ぎ》に非《あら》ずや」（御書一三六〇ページ）と仰《おお》せられている。

人間を強く賢《かしこ》くする宗教《しゅうきょう》――一人立つ勇者《ゆうしゃ》の信仰《しんこう》

アメリカの未来学者《みらいがくしゃ》ヘイゼル・ヘンダーソン博士〈注1〉と語《かた》り合《あ》った時《とき》、創価学会の活動《かつどう》が世界的に広《ひろ》がってきたのはなぜかと尋《たず》ねられたことがあります。

私は、「徹《てっ》して一人の人を大切《たいせつ》にしてきたからです」と答《こた》えました。

環境問題《かんきょうもんだい》への取《と》り組《く》みに始《はじ》まり、さまざまな市民運動《しみんうんどう》をリードしてこられた博士は、深《ふか》くうなずいておられました。

博士ご自身《じしん》が、「真《しん》の民衆運動《みんしゅううんどう》は、民衆《みんしゅう》一人一人を高《たか》い精神性《せいしんせい》に目覚《めざ》めさせていくものでなくてはならない」との信条《しんじょう》を、今《いま》に至《いた》るまで貫《つらぬ》いてこられたリーダーです。

各人《かくじん》の内発《ないはつ》の力《ちから》を引《ひ》き出《だ》す運動《うんどう》

世界百九十二カ国・地域《ちいき》に及《およ》ぶ創価の連帯《れんたい》は、一人の人と会《あ》い、語《かた》り、一人一人の精神性《せいしんせい》を高《たか》め、賢《かしこ》くしてきた結実《けつじつ》にほかなりません。粘《ねば》り強《づよ》い一対一の対話《たいわ》、励《はげ》ましの行動《こうどう》によって、一人一人の内発《ないはつ》の力《ちから》を強《つよ》く引《ひ》き出《だ》してきました。それゆえに、かくも生き生きと社会《しゃかい》で躍動《やくどう》する民衆運動《みんしゅううんどう》になったのです。ここにこそ、平和《へいわ》の団体《だんたい》として世界が刮目《かつもく》する創価学会の底《そこ》力《ぢから》があるのです。

人類《じんるい》は幸福《こうふく》と平和《へいわ》を希《き》求《きゅう》

私が、御本仏《ごほんぶつ》・日蓮大聖人の御遺命《ごゆいめい》である世界広宣流布へ、恩師《おんし》・戸田城聖《じょうせい》先生の不二《ふに》の弟子《でし》として第一歩を踏《ふ》み出《だ》したのは、一九六〇年（昭和三十五年）の十月二日でした。当時《とうじ》、東西冷戦《とうざいれいせん》は激化《げきか》し、核《かく》の脅威《きょうい》が深刻化《しんこくか》して、紛争《ふんそう》や内戦《ないせん》も各地《かくち》で惹起《じゃっき》していました。

恩師《おんし》は、生前《せいぜん》、各国《かっこく》の民衆《みんしゅう》の悲嘆《ひたん》を憂《うれ》いて、大聖人の「太陽の仏法」で、世界中を照《て》らし、人類《じんるい》が希求《ききゅう》する幸福《こうふく》と平和《へいわ》を築《きず》いていくことを私たちに託《たく》しておられたのです。

一切《いっさい》は人間に始《はじ》まり、人間に帰着《きちゃく》

社会《しゃかい》のあらゆる事象《じしょう》は、すべてが人間の営《いとな》みです。ゆえに、輝《かがや》く未来《みらい》への道《みち》は、一見、遠回《とおまわ》りのようではあっても、人間自身《じしん》の変革《へんかく》から出発《しゅっぱつ》するしかない。世界平和《へいわ》の実現《じつげん》、全人類《ぜんじんるい》の幸福《こうふく》といっても、一切《いっさい》は、人間に始《はじ》まり、人間自身《じしん》の問題《もんだい》に帰着《きちゃく》するからです。

一人の人間の蘇生《そせい》と歓喜《かんき》の人生こそ、宗教本来《しゅうきょうほんらい》の目的《もくてき》であり、根本《こんぽん》です。したがって、真《しん》に求《もと》められるのは、生命《せいめい》の尊厳《そんげん》を説《と》き明《あ》かし、一人の人間を強《つよ》く、賢《かしこ》くする宗教《しゅうきょう》です。

そこに、「宗教《しゅうきょう》のための宗教《しゅうきょう》」ではない、「人間のための宗教《しゅうきょう》」の機軸《きじく》があります。

ここでは、その人間自身《じしん》の偉大《いだい》な変革《へんかく》をもたらす仏法の哲理《てつり》について学びましょう。

阿仏房御書《あぶつぼうごしょ》

御文

（御書一三〇四ジペー六行目～十行目）

末法《まっぽう》に入《い》って法華経《ほけきょう》を持《たも》つ男女《なんにょ》の・すがたより外《ほか》には宝塔《ほうとう》なきなり、若《も》し然《しか》れば貴賤上下《きせんじょうげ》をえらばず南無妙法蓮華経と・となうるものは我《わ》が身《み》宝塔《ほうとう》にして我《わ》が身《み》又多宝如来《またたほうにょらい》なり、妙法蓮華経《みょうほうれんげきょう》より外《ほか》に宝塔《ほうとう》なきなり、法華経《ほけきょう》の題目《だいもく》・宝塔《ほうとう》なり宝塔又《ほうとうまた》南無妙法蓮華経なり（中略）然《しか》れば阿仏房《あぶつぼう》さながら宝塔《ほうとう》・宝塔《ほうとう》さながら阿仏房《あぶつぼう》・此《こ》れより外《ほか》の才覚無益《さいかくむやく》なり

現代語訳

末法《まっぽう》に入《はい》って、法華経を持《たも》つ男女《だんじょ》の姿《すがた》よりほかには宝塔《ほうとう》はないのです。もしそうであるならば、貴賤上下《きせんじょうげ》にかかわらず、南無妙法蓮華経と唱《とな》える人は、わが身《み》がそのまま宝塔《ほうとう》であり、わが身《み》がまた多宝如来《たほうにょらい》なのです。

妙法蓮華経よりほかに宝塔《ほうとう》はないのです。法華経の題目は宝塔《ほうとう》であり、宝塔《ほうとう》はまた南無妙法蓮華経です。（中略）

したがって阿仏房《あぶつぼう》はそのまま宝塔《ほうとう》であり、宝塔《ほうとう》はそのまま阿仏房《あぶつぼう》なのです。これよりほかの理解《りかい》は意味《いみ》を生《う》みません。

自分自身《じぶんじしん》が最極《さいごく》の当体《とうたい》なり

大聖人は力強《ちからづよ》く宣言《せんげん》されました。

〝自分こそが宝塔《ほうとう》である！〟

〝自分自身《じしん》が最極《さいごく》の当体《とうたい》である！〟と。

初代会長・牧口常三郎《つねさぶろう》先生も、随所《ずいしょ》に線《せん》を引《ひ》かれ、深《ふか》く拝《はい》された「阿仏房御《あぶつぼうご》書《しょ》」〈注2〉の一節《いっせつ》です。一人を大切《たいせつ》にする仏法の人間主義《しゅぎ》の根幹中《こんかんちゅう》の根幹《こんかん》とも言《い》える御書です。

——人間のもつ尊厳性《そんげんせい》、無限《むげん》の可能性《かのうせい》を高《たか》らかに謳《うた》い、自身《じしん》の中にある尊極《そんごく》の仏《ほとけ》の生命《せいめい》を輝《かがや》かせゆく方途《ほうと》が広々《ひろびろ》と明《あ》かされています。

法華経では突然《とつぜん》、巨大《きょだい》な宝《たから》の塔《とう》が人々《ひとびと》の眼前《がんぜん》に涌現《ゆげん》します。この宝塔品《ほうとうほん》の儀《ぎ》式《しき》〈注3〉について、戸田先生は次《つぎ》のように教《おし》えてくださいました。

「われわれの生命《せいめい》には、仏界《ぶっかい》という大不思議《だいふしぎ》の生命《せいめい》が冥伏《みょうぶく》（潜在化《せんざいか》して、目に見えない状態《じょうたい》）している。この生命《せいめい》の力《ちから》および状態《じょうたい》は想像《そうぞう》もおよばなければ、筆舌《ひつぜつ》にも尽《つ》くせない。しかしこれを、われわれの生命体《せいめいたい》のうえに具現《ぐげん》することはできる。現実《げんじつ》にわれわれの生命《せいめい》それ自体《じたい》も、冥伏《みょうぶく》せる仏界《ぶっかい》を具現《ぐげん》できるのだと説《と》き示《しめ》したのが、この宝塔品《ほうとうほん》の儀式《ぎしき》である」

ありのままの姿《すがた》で信心に励《はげ》む

大聖人は、「末法《まっぽう》にあっては、妙法を受持《じゅじ》し、信心に励《はげ》む人こそ、荘厳《そうごん》で巨《きょ》大《だい》な宝塔《ほうとう》そのものである」と仰《おお》せです。

あえて「すがたより外《ほか》には宝塔《ほうとう》なきなり」と、「すがた」を強調《きょうちょう》されています。現実《げんじつ》に見えている姿《すがた》や形《かたち》です。

当然《とうぜん》、一人一人、顔形《かおかたち》も、境遇《きょうぐう》も違《ちが》います。しかし、御本尊を持《たも》ち、題目を唱《とな》え、広宣流布に戦《たたか》う一人一人が、その姿形《すがたかたち》を改《あらた》めず、ありのままで、七宝《しっぽう》〈注4〉で飾《かざ》られた荘厳《そうごん》な生命《せいめい》の宝塔《ほうとう》と輝《かがや》くことができる――。

ここに大聖人の仏法が、国《くに》や民族《みんぞく》、性別《せいべつ》など、一切《いっさい》の差異《さい》を超《こ》えた世界宗教《しゅうきょう》たる所以《ゆえん》があります。

それだけではありません。その姿《すがた》のまま、多宝如来《たほうにょらい》〈注5〉であるとも仰《おお》せです。妙法を持《たも》ち、信心に励《はげ》む私たちの姿《すがた》、振《ふ》る舞《ま》いが、そのまま多宝如来《たほうにょらい》としての行動《こうどう》となっていく。「法華経《ほけきょう》を持《たも》つ」以外《いがい》の条件《じょうけん》は全《まった》くありません。ありのままです。

ですから、無理《むり》をしてつくろったり、見《み》えを張《は》ったり、人を羨《うらや》んだりなどする必要《ひつよう》は全《まった》くないのです。悩《なや》んでいるなら、その姿《すがた》のままで信心に励《はげ》んでいけばいいのです。何《なに》があっても信心を貫《つらぬ》き、断《だん》じて負《ま》けない生《い》き方《かた》が、そのまま勝利《しょうり》の証《あかし》であり、法華経の証明《しょうめい》となるのです。

己心《こしん》の宝塔《ほうとう》を見るための明鏡《めいきょう》

「然《しか》れば阿仏房《あぶつぼう》さながら宝塔《ほうとう》・宝塔《ほうとう》さながら阿仏房《あぶつぼう》・此《こ》れより外《ほか》の才覚無益《さいかくむやく》なり」と、阿仏房《あぶつぼう》に対《たい》して、〝わが身《み》がそのまま宝塔《ほうとう》である〟と結論《けつろん》を示《しめ》され、〝これさえ知《し》っていけばいいのです〟と教《おし》えられています。

自分自身《じぶんじしん》が妙法蓮華経の宝塔《ほうとう》として、現実《げんじつ》に自身《じしん》の内《うち》にある仏《ほとけ》の生命《せいめい》を現《あらわ》していくことです。

「無二《むに》に信《しん》ずる故《ゆえ》によって・此《こ》の御本尊《ごほんぞん》の宝塔《ほうとう》の中《なか》へ入《い》るべきなり」（御書一二四四㌻）と、一人一人が己心《こしん》の宝塔《ほうとう》を見るための明鏡《めいきょう》として、大聖人は御本尊を顕《あらわ》されたのです。

「われ自《みずか》らが南無妙法蓮華経なり」

戸田先生は、「われ自《みずか》らが南無妙法蓮華経なりと決《き》めきって」いくのだと指《し》導《どう》されました。わが胸中《きょうちゅう》に、びくともしない、妙法の宝塔《ほうとう》を厳然《げんぜん》と打《う》ち立《た》てるための信心です。

強盛《ごうじょう》なる祈《いの》りによって「元品《がんぽん》の無明《むみょう》」〈注6〉を破《やぶ》って涌現《ゆげん》した「仏界《ぶっかい》の生命《せいめい》」が、宝塔《ほうとう》です。いかなる苦悩《くのう》や絶望《ぜつぼう》からも立ち上がり、勝《か》ち越《こ》える生命《せいめい》の本源《ほんげん》の力《ちから》そのものです。

御本尊を受持《じゅじ》する私たちは、いつ、どこにいようと、自身《じしん》の胸中《きょうちゅう》に宝塔《ほうとう》を打《う》ち立《た》て、今《いま》いる場所《ばしょ》を常寂光土《じょうじゃっこうど》（仏《ほとけ》の永遠《えいえん》の国土《こくど》）にすることができます。

そして、自分自身《じぶんじしん》の生命《せいめい》の宝塔《ほうとう》を打《う》ち立《た》てるだけでなく、他者《たしゃ》の生命《せいめい》の宝塔《ほうとう》をも打《う》ち立《た》てていくのです。

そのための御本尊であり、信心です。それを成《な》し遂《と》げるのが、創価の師弟《してい》であり、異体同心《いたいどうしん》〈注7〉の団結《だんけつ》です。広宣流布の組織《そしき》です。

あの地《ち》にも、この地《ち》にも、生命尊厳《せいめいそんげん》の証《あかし》である宝塔《ほうとう》を林立《りんりつ》させることが、最《もっと》も確実《かくじつ》にして根源的《こんげんてき》な平和《へいわ》への直道《じきどう》なのです。

誰《だれ》も置《お》き去《ざ》りにしない信念《しんねん》

とりわけ現代《げんだい》は、巨大化《きょだいか》し、複雑化《ふくざつか》する社会《しゃかい》の仕組《しく》みが人間自身《じしん》の力《ちから》を弱《よわ》めているとも言《い》えます。自分《じぶん》の力《ちから》だけではどうにもできない無力感《むりょくかん》から、自尊心《じそんしん》や自己肯定感《じここうていかん》も持《も》ちづらく、生きる意味《いみ》を見失《みうしな》い、自分《じぶん》を卑下《ひげ》してしまいかねない。

自身《じしん》の尊厳性《そんげんせい》を自覚《じかく》し、人生に意味《いみ》を見《み》いだし、生《い》き方《かた》に誇《ほこ》りを持《も》つことができれば、どんな環境《かんきょう》にあっても、不屈《ふくつ》の挑戦《ちょうせん》の勇気《ゆうき》が湧《わ》いてきます。苦難《くなん》に打《う》ち勝《か》つ強靱《きょうじん》な力《ちから》が、自身《じしん》の生命《せいめい》に生まれてくるのです。人間は自分自身《じぶんじしん》で強《つよ》くなれるのです。「地《ち》にたうれ《倒》たる人は・かへりて地《ち》よりをく《起》」（御書一五八六ページ）との御文《ごもん》のごとく、何《なに》があっても自分《じぶん》で立《た》ち上《あ》がることができます。

また、自分《じぶん》の存在《そんざい》をどう捉《とら》えるかは、そのまま他者《たしゃ》をどう捉《とら》えるのかと一体《いったい》です。自分《じぶん》を大切《たいせつ》な存在《そんざい》と実感《じっかん》できてこそ、他者《たしゃ》の尊厳性《そんげんせい》を信《しん》じ、大切《たいせつ》にすることができます。

国際社会《こくさいしゃかい》が取《と》り組《く》んでいる「ＳＤＧｓ《エスディージーズ》（持続可能《じぞくかのう》な開発目標《かいはつもくひょう》）」〈注8〉の推進《すいしん》にあって、根幹《こんかん》となる指針《ししん》が「誰《だれ》も置《お》き去《ざ》りにしない」との信念《しんねん》です。それは、一人ももれなく、誰《だれ》もが自身《じしん》の尊厳性《そんげんせい》を輝《かがや》かせ、自他共《じたとも》に胸中《きょうちゅう》の宝《ほう》塔《とう》を打《う》ち立《た》てることと通底《つうてい》しているのです。

自《みずか》らの尊厳性《そんげんせい》に目覚《めざ》めた一人が、新《あら》たな一人の生命《せいめい》に宝塔《ほうとう》を打《う》ち立《た》てゆく、私どもの菩薩行《ぼさつぎょう》のような運動《うんどう》を、世界は今《いま》、最《もっと》も深《ふか》く求《もと》めていると言《い》っても過《か》言《ごん》ではありません。

富木尼御前御返事《ときあまごぜんごへんじ》

御文（御書九七六ページ五行目～七行目）

我《わ》れ等《ら》は仏《ほとけ》に疑《うたが》いなしとをぼせば・なにのなげき《何》《歎》か有《あ》るべ

き、きさき《皇妃》になりても・なにかせん天《てん》に生《うま》れても・ようしなし、竜女《りゅうにょ》があとをつぎ摩訶波舎波提比丘尼《まかはじゃはだいびくに》のれち《列》につらなるべし、あらうれし・あらうれし、南無妙法蓮華経　南無妙法蓮華経と唱《とな》えさせ給《たま》へ

現代語訳

我《われ》らは、仏《ほとけ》に成《な》ることは絶対《ぜったい》に疑《うたが》いないとお思《おも》いになれば、なんの嘆《なげ》きがあるでしょうか。

皇妃《きさき》になっても、また天上界《てんじょうかい》に生まれても、何《なん》になるでしょうか。竜女《りゅうにょ》の跡《あと》を継《つ》ぎ、摩訶波舎波提比丘尼《まかはじゃはだいびくに》の列《れつ》に並《なら》ぶことができるのです。なんとうれしいことでしょうか。

ただ南無妙法蓮華経、南無妙法蓮華経とお唱《とな》えなさい。

清《きよ》らかな功徳《くどく》がどんどん出てくる

戸田先生は、入会間《ま》もない友《とも》を、よく励《はげ》まされ、言《い》われていました。

「われわれには、過去遠々劫《かこおんのんごう》といって、無限《むげん》の過去《かこ》から積《つ》んできた罪業《ざいごう》がある。だから、中が詰《つ》まったり、汚《よご》れたホースのようなもので、そこに信心によって仏界《ぶっかい》という清《きよ》らかな水を流《なが》しても、はじめのうちは、それまでの汚《よご》れが押《お》しだされてくる。ゆえに宿命《しゅくめい》との戦《たたか》いがある。

しかし、信心を続《つづ》けていけば、必《かなら》ず、清《きよ》らかな功徳《くどく》が、どんどん出てくるようになる。『一生成仏《いっしょうじょうぶつ》』〈注9〉といって、今世《こんぜ》で必《かなら》ず宿命《しゅくめい》を転換《てんかん》できる。御本尊は、それだけの、すごい力《ちから》のある大良薬《だいりょうやく》であり、幸福《こうふく》への尊極《そんごく》の機械《きかい》であられる」と。

絶対《ぜったい》に幸福《こうふく》になれる信心です。

信心をして試練《しれん》を受《う》けるということは、宿命転換《しゅくめいてんかん》、一生成仏《いっしょうじょうぶつ》への道《みち》を進《すす》んでいる証拠《しょうこ》なのです。それは、断《だん》じて間違《まちが》いありません。

使命《しめい》のために引《ひ》き受《う》けた悩《なや》み

「富木尼御前御返事《ときあまごぜんごへんじ》」〈注10〉では、何不自由《なにふじゆう》ない「きさき《皇妃》」になったり、天に生まれることが一体《いったい》、何《なん》であろうかと仰《おお》せです。

天に生まれるといっても、それは所詮《しょせん》、永続性《えいぞくせい》をもたない、はかない喜《よろこ》びです。

日蓮大聖人の仏法は、現実《げんじつ》を離《はな》れたところに幸福《こうふく》を求《もと》める宗教《しゅうきょう》ではありません。泥沼《どろぬま》から清《きよ》らかな蓮《はす》の花が咲《さ》くように、どこまでも現実社会《げんじつしゃかい》の真《ま》っ直中《ただなか》で、苦難《くなん》に負《ま》けない強《つよ》く清《きよ》らかな生命《せいめい》を涌現《ゆげん》し、この一生《いっしょう》で崩《くず》れざる幸福《こうふく》を勝《か》ち取《と》るための宗教《しゅうきょう》です。

大聖人は、妙法を受持《じゅじ》した富木尼御前《ときあまごぜん》が、女人成仏《にょにんじょうぶつ》の道《みち》を開《ひら》いた「竜女《りゅうにょ》」〈注11〉の跡《あと》を継《つ》いで、必《かなら》ず成仏《じょうぶつ》できるとの大確信《だいかくしん》の励《はげ》ましを送《おく》られています。

さらに、未来《みらい》には成仏《じょうぶつ》して〝一切衆生《いっさいしゅじょう》が喜《よろこ》んでお会《あ》いしたいと願《ねが》う仏《ほとけ》〟（一切衆生喜見仏《いっさいしゅじょうきけんぶつ》）として敬愛《けいあい》されると称《たた》えられた「摩訶波舎波提比丘尼《まかはじゃはだいびくに》」〈注12〉と同列《どうれつ》に並《なら》ぶと、さらに温《あたた》かく包《つつ》まれています。彼女《かのじょ》は、釈尊《しゃくそん》の乳母《うば》であり、最初《さいしょ》の女性門下《じょせいもんか》でした。

必《かなら》ず成仏《じょうぶつ》できるとの御断言《ごだんげん》であるとともに、長年《ながねん》、病気《びょうき》がちだった富木尼《ときあま》に対して、病《やまい》や苦難《くなん》と戦《たたか》う意義《いぎ》を教《おし》えられているのです。

仏法には「転重軽受《てんじゅうきょうじゅ》」「変毒為薬《へんどくいやく》」「願兼於業《がんけんおごう》」と、逆境《ぎゃっきょう》をはね返《かえ》す真髄《しんずい》の力《ちから》を明《あ》かした希望《きぼう》の法理《ほうり》が厳然《げんぜん》と示《しめ》されています〈注13〉。

苦難《くなん》に直面《ちょくめん》した時《とき》、人は、どうしても、「なぜ?」「どうして?」等と、眼前《がんぜん》の苦《くる》しみだけにとらわれてしまいがちです。

だからこそ大聖人は、富木尼御前《ときあまごぜん》を、大きな境涯《きょうがい》に引《ひ》き上《あ》げようとされたと拝《はい》されます。

自分《じぶん》の苦《くる》しみを「宿業《しゅくごう》」〈注14〉と捉《とら》えるだけでは、後《うし》ろ向《む》きになります。それを、あえて「使命《しめい》のために引《ひ》き受《う》けた悩《なや》みなのだ」「信心で克服《こくふく》することを自分《じぶん》が誓願《せいがん》したのだ」「仏法の偉大《いだい》な力《ちから》を示《しめ》して、大勢《おおぜい》の人を救《すく》っていくためなのだ」と、捉《とら》え直《なお》すのです。また、こう捉《とら》え返《かえ》せる強《つよ》い生命力《せいめいりょく》が湧《わ》いてくる。これが、「宿命《しゅくめい》」を「使命《しめい》」に変《か》える生《い》き方《かた》です。

使命《しめい》に目覚《めざ》めれば、人間は限《かぎ》りなく強《つよ》くなります。自分《じぶん》が乗《の》り越《こ》えるだけでなく、その勝利劇《しょうりげき》で万人成仏《ばんにんじょうぶつ》の道《みち》を開《ひら》いてみせる。そう決《き》めれば、自身《じしん》が抱《かか》えている苦《くる》しみで暗《くら》く覆《おお》われていた心《こころ》に、勇気《ゆうき》と希望《きぼう》の光《ひかり》が満《み》ちあふれます。自《じ》分《ぶん》一人の勝利《しょうり》から自他共《じたとも》の勝利《しょうり》へと大きく境涯《きょうがい》が広《ひろ》がり、人生の意味《いみ》が豊《ゆた》かになるのです。

戸田先生は、「自分《じぶん》が幸福《こうふく》になるぐらいは、何《なん》でもない。簡単《かんたん》なことです。他人《たにん》まで幸福《こうふく》にしていこうというのが信心の根底《こんてい》です」と、よく言《い》われていました。

利他《りた》の一念《いちねん》が「境涯革命《きょうがいかくめい》」の回転軸《かいてんじく》となります。励《はげ》ましの行動《こうどう》が、自他共《じたとも》の「人間革命」の伝播《でんぱ》を生む力《ちから》となるのです。

不撓不屈《ふとうふくつ》の大生命力《だいせいめいりょく》を引《ひ》き出《だ》す

日蓮仏法は、何《なに》かにすがるような弱々《よわよわ》しい信仰《しんこう》ではありません。不撓不屈《ふとうふくつ》の信念《しんねん》で希望《きぼう》を引《ひ》き出《だ》すのが、日蓮仏法の祈《いの》りです。この仏《ほとけ》の智慧《ちえ》と力《ちから》の源泉《げんせん》が、南無妙法蓮華経の唱題行《しょうだいぎょう》なのです。大生命力《だいせいめいりょく》を引《ひ》き出《だ》せるかどうかは、どこまでも信心によるのです。

苦《くる》しい時《とき》、悲《かな》しい時《とき》、辛《つら》い時《とき》には、その気持《きも》ちのまま、無心《むしん》に唱題していけばいいのです。慈父《じふ》や悲母《ひも》に思《おも》いのたけを打《う》ち明《あ》けるように、祈《いの》りを重《かさ》ねていくことです。

悩《なや》みを祈《いの》りに変《か》えていくのです。

何《なに》よりも、唱題していけば、〝絶対《ぜったい》に勝《か》ち越《こ》えてみせる〟との、勇気《ゆうき》がふつふつと湧《わ》いてくるものです。

すぐには解決《かいけつ》しなくとも、やがて「地獄《じごく》の苦《くるし》みぱっときへて」（御書一〇〇〇ジ（ペー））という時《とき》が必《かなら》ずきます。振《ふ》り返《かえ》った時《とき》、一番《いちばん》、自《みずか》らを悩《なや》ませている難問《なんもん》が、一番《いちばん》、境涯《きょうがい》を躍進《やくしん》させゆく転機《てんき》となっていることに気がつくでしょう。祈《いの》りによって、胸中《きょうちゅう》に使命《しめい》という歓喜《かんき》の太陽を昇《のぼ》らせるのです。そして、今《こん》世《ぜ》の人生の劇《げき》を最高《さいこう》に輝《かがや》かせていくのです。

誰《だれ》も奪《うば》い去《さ》れない「内発《ないはつ》の力《ちから》」

仏界《ぶっかい》の生命《せいめい》という「内発《ないはつ》の力《ちから》」は、誰《だれ》も、何者《なにもの》も、奪《うば》い去《さ》ることはできません。決《けっ》して負《ま》けることもない。だからこそ、どこまでも信心一筋《ひとすじ》に、「苦楽《くらく》ともに思《おも》い合《あわ》せて」（御書一一四三ジ（ペー））御本尊に祈《いの》り続《つづ》けることです。負《ま》けずに祈《いの》り抜《ぬ》く。その心《こころ》が、すでに仏《ほとけ》です。断固《だんこ》として現実《げんじつ》の勝利《しょうり》となって現《あらわ》れていきます。

諸天《しょてん》をも揺《ゆ》り動《うご》かすような確信《かくしん》の祈《いの》りであってこそ、わが胸中《きょうちゅう》の仏《ほとけ》の生命《せいめい》を自由自在《じゆうじざい》に現《あらわ》していくことができるのです。

この内発《ないはつ》の力《ちから》によって立ち上がった一人こそ、真正《しんせい》の勇者《ゆうしゃ》です。その勇者《ゆうしゃ》は、自身《じしん》の生命《せいめい》が躍動《やくどう》しているから、そのまま、周《まわ》りの人に勇気《ゆうき》と希望《きぼう》を送《おく》ることができるのです。

「地涌《じゆ》の強さ」と「人間の深《ふか》さ」

最《もっと》も苦労《くろう》した人こそ、最《もっと》も幸《しあわ》せになる権利《けんり》がある。過酷《かこく》な宿命《しゅくめい》を背負《せお》った人こそ、最高《さいこう》の使命《しめい》を担《にな》い、果《は》たしていける——。

古代《こだい》ローマ帝国《ていこく》の皇帝《こうてい》マルクス・アウレリウス〈注15〉は、つづっています。

「もっとも高貴《こうき》な人生を生きるに必要《ひつよう》な力《ちから》は魂《たましい》の中にそなわっている」

「自分《じぶん》の内《うち》を見よ。内《うち》にこそ善《ぜん》の泉《いずみ》があり、この泉《いずみ》は君《きみ》がたえず掘《ほ》り下《さ》げさえすれば、たえず湧《わ》き出《い》でるであろう」

いわんや私どもは、偉大《いだい》な「人間革命の仏法」を持《たも》っています。いかなる困難《こんなん》にあっても、自身《じしん》の抱《いだ》いた目標《もくひょう》を貫徹《かんてつ》する強《つよ》い意志力《いしりょく》と忍耐力《にんたいりょく》は、わが胸中《きょうちゅう》にある。それも無限《むげん》にあるのです。

戸田先生の事業《じぎょう》の苦境《くきょう》の中、全《すべ》てを一身《いっしん》に背負《せお》って支《ささ》えた私は、荒《あ》れ狂《くる》う社《しゃ》会《かい》の大海原《おおうなばら》の中にあって巍巍堂堂《ぎぎどうどう》（そびえ立《た》つ巌《いわお》の山のように堂々《どうどう》としている様《さま》）とされている恩師《おんし》の姿《すがた》に、本当《ほんとう》の地涌《じゆ》の生命《せいめい》の強《つよ》さ、真実《しんじつ》の人間の深《ふか》さを目《ま》の当《あ》たりにしました。

先生は言《い》われました。

「私は、信心のことになると、強情《ごうじょう》なまでに辛抱強《しんぼうづよ》いんだよ」と。

生涯《しょうがい》を捧《ささ》げて悔《く》いのない使命《しめい》を知《し》った人は、人生に恐《おそ》れも、不安《ふあん》もなくなります。

戸田先生の弟子《でし》の道《みち》こそが、私にとっての使命《しめい》の道《みち》なのです。

広布の誓願《せいがん》に生き抜《ぬ》く師弟《してい》の絆《きずな》は、何《なに》ものも壊《こわ》すことなどできません。そして、この不二《ふに》の生命《せいめい》は永遠《えいえん》に不滅《ふめつ》です。

「人間革命の勝利王《しょうりおう》」のスクラムを

「一人立つ」とは、自分《じぶん》を尊《とうと》い存在《そんざい》だと確信《かくしん》し切《き》ることです。自分自身《じぶんじしん》の可能性《かのうせい》を信《しん》じ、自分自身《じぶんじしん》に生き切《き》る強《つよ》き人です。

「ちかいし願《ねがい》やぶるべからず」（御書一二三二㌻）と仰《おお》せの通《とお》り、誓願《せいがん》を貫《つらぬ》き通《とお》す覚悟《かくご》が、自他共《じたとも》の人生を無限《むげん》に勝《か》ち開《ひら》きます。

いよいよ絢爛《けんらん》と、地涌《じゆ》の人華《にんげ》が地球上《ちきゅうじょう》のいずこでも咲《さ》き薫《かお》る世界広宣流布の大いなる躍進《やくしん》の時《とき》を迎《むか》えています。

師弟《してい》の大誓願《だいせいがん》を胸《むね》に、一人立つ真正《しんせい》の勇者《ゆうしゃ》として、「人間革命の勝利王《しょうりおう》」のスクラムを、いやまして広《ひろ》げていこうではありませんか！

［注　解］

〈注1〉【ヘイゼル・ヘンダーソン博士】一九三三年〜。アメリカの未来学者《みらいがくしゃ》。環境問題《かんきょうもんだい》の市民運動《しみんうんどう》から出発《しゅっぱつ》し、世界を舞台《ぶたい》に多彩《たさい》な平和運動《へいわうんどう》を展開《てんかい》。池田先生との対談集《たいだんしゅう》『地球対談《ちきゅうたいだん》　輝《かがや》く女性《じょせい》の世紀《せいき》へ』（『池田大作全集』114巻所収《かんしょしゅう》）がある。

〈注2〉【阿仏房御書《あぶつぼうごしょ》】日蓮大聖人が佐渡流罪中《さどるざいちゅう》に門下《もんか》となった阿仏房《あぶつぼう》が法華経の宝塔涌現《ほうとうゆげん》の意義《いぎ》を質問《しつもん》したことに対《たい》しての御返事《ごへんじ》。宝塔《ほうとう》とは御本尊のことで、南無妙法蓮華経と唱《とな》える者《もの》はその身《み》が宝塔《ほうとう》であり、多宝如来《たほうにょらい》であると述《の》べられ、阿仏房《あぶつぼう》を「北国《ほっこく》の導師《どうし》」とされ、深《ふか》い信心を賞讃《しょうさん》されている。

〈注3〉【宝塔品《ほうとうほん》の儀式《ぎしき》】法華経の見宝塔品第《けんほうとうほんだい》十一から嘱累品第《ぞくるいほんだい》二十二までの説法《せっぽう》の会座《えざ》は、仏《ほとけ》と全聴衆《ぜんちょうしゅう》が虚空《こくう》（大空《おおぞら》）のなかで行《おこな》われたので「虚空会《こくうえ》」という。その冒頭《ぼうとう》、見宝塔品第《けんほうとうほんだい》十一で巨大《きょだい》な宝塔《ほうとう》が大地《だいち》を割《わ》って出現《しゅつげん》し、仏《ほとけ》の生命《せいめい》の偉大《いだい》さ、万人《ばんにん》に具《そな》わる仏界《ぶっかい》の尊極《そんごく》さを示《しめ》した。

〈注4〉【七宝《しっぽう》】法華経見宝塔品第《けんほうとうほんだい》十一で出現《しゅつげん》した宝塔《ほうとう》を飾《かざ》っていた七つの宝《たから》。金《きん》・銀《ぎん》・瑠璃《るり》・車《しゃ》渠《こ》・馬脳《めのう》・真珠《しんじゅ》・玫瑰《まいえ》のこと（法華経三七二㌻）。

〈注5〉【多宝如来《たほうにょらい》】法華経見宝塔品第《けんほうとうほんだい》十一で出現《しゅつげん》し、釈尊《しゃくそん》の説《と》いた法華経が真実《しんじつ》であることを保《ほ》証《しょう》した仏《ほとけ》。宝塔《ほうとう》の中に座《ざ》して、虚空会《こくうえ》の儀式《ぎしき》では釈尊《しゃくそん》と並《なら》んで座《すわ》った（二仏並坐《にぶつびょうざ》）。

〈注6〉【元品《がんぽん》の無明《むみょう》】生命《せいめい》の根源的《こんげんてき》な無知《むち》。究極《きゅうきょく》の真実《しんじつ》を明《あ》かした妙法を信《しん》じられず理解《りかい》できない癡《おろ》かさ。また、その無知《むち》から起《お》こる暗《くら》い衝動《しょうどう》。

〈注7〉【異体同心《いたいどうしん》】姿形《すがたかたち》、立場《たちば》が異《こと》なっていても、同じ心、目的観《もくてきかん》に立ち行動《こうどう》すること。

〈注8〉【SDGs《エスディージーズ》（持続可能《じぞくかのう》な開発目標《かいはつもくひょう》）】国連《こくれん》サミットで採択《さいたく》された、二〇一六年から二〇三〇年までの国際的《こくさいてき》な開発目標《かいはつもくひょう》。持続可能《じぞくかのう》な世界《せかい》を実現《じつげん》するため百六十九のターゲットから構成《こうせい》され、地球上《ちきゅうじょう》の誰《だれ》一人として取《と》り残《のこ》さないことを誓《ちか》っている。

〈注9〉【一生成仏《いっしょうじょうぶつ》】一生の間に仏《ほとけ》になること。凡夫《ぼんぷ》（平凡《へいぼん》な人間）がその身《み》を改《あらた》めず、一生のうちに成仏《じょうぶつ》の境地《きょうち》に至《いた》ることをいう。法華経以外の経典《きょうてん》では、成仏《じょうぶつ》とは何度《なんど》も生まれて仏道《ぶつどう》修行《しゅぎょう》を重《かさ》ねた果《は》てに、現実《げんじつ》世界を離《はな》れて仏《ほとけ》になることが示されている。

〈注10〉【富木尼御前御返事《ときあまごぜんごへんじ》】建治《けんじ》二年（一二七六年）三月、下総国《しもうさのくに》（千葉県北部など）の門下《もんか》である富木常忍《ときじょうにん》の妻《つま》に宛《あ》てられた御消息《ごしょうそく》。夫《おっと》の富木常忍《ときじょうにん》が亡《な》き母《はは》の遺骨《いこつ》を奉《ほう》じて、身延《みのぶ》の日蓮大聖人をお訪《たず》ねした折《おり》、富木常忍《ときじょうにん》に託《たく》して病気《びょうき》の尼御前《あまごぜん》に与《あた》えられた。

〈注11〉【竜女《りゅうにょ》】海中《かいちゅう》の竜宮《りゅうぐう》に住《す》む娑竭羅竜王《しゃからりゅうおう》の八歳《さい》の娘《むすめ》で蛇身《じゃしん》。法華経提婆達多品第《だいばだったほんだい》十二では、「我《われ》は大乗《だいじょう》の教《おし》えを闡《ひら》いて　苦《く》の衆生《しゅじょう》を度脱《どだつ》せん」（法華経四〇七ページ）と述《の》べ、即身成仏《そくしんじょうぶつ》の境涯《きょうがい》を現《あらわ》した。竜女《りゅうにょ》の成仏《じょうぶつ》は、一切《いっさい》の女人成仏《にょにんじょうぶつ》の手本とされるとともに、即身成仏《そくしんじょうぶつ》をも表《ひょう》現《げん》している。

〈注12〉【摩訶波舎波提比丘尼《まかはじゃはだいびくに》】浄飯王《じょうぼんおう》の妃《きさき》で釈尊《しゃくそん》の生母《せいぼ》である摩耶夫人《まやふじん》が釈尊《しゃくそん》の生後《せいご》七日に亡《な》くなったので、摩耶夫人《まやふじん》の妹《いもうと》である摩訶波舎波提《まかはじゃはだい》が浄飯王《じょうぼんおう》の妃《きさき》として迎《むか》えられ、釈尊《しゃくそん》を養育《よういく》した。浄飯王《じょうぼん》の死後《しご》に出家《しゅっけ》し、仏教史上最初《しじょうさいしょ》の比丘尼《びくに》（女性出家者《じょせいしゅっけしゃ》）となり、比丘尼《びくに》たちの指導的立場《しどうてきたちば》として活躍《かつやく》した。法華経勧持品第《かんじほんだい》十三で、釈尊《しゃくそん》から成仏《じょうぶつ》の記別《きべつ》を受《う》け、女人《にょにん》成仏《じょうぶつ》の手本《てほん》の一つとなった。

〈注13〉「転重軽受《てんじゅうきょうじゅ》」は、正法《しょうほう》を護持《ごじ》する功徳《くどく》によって、過去世《かこせ》の重罪《じゅうざい》を転《てん》じて、現世《げんぜ》で軽《かる》くその報《むく》いを受《う》けること。「変毒為薬《へんどくいやく》」は、妙法の力《ちから》によって、苦悩《くのう》に支配《しはい》された生命《せいめい》を、仏《ほとけ》の生《せい》命《めい》へと転換《てんかん》すること。「願兼於業《がんけんおごう》」は、本来《ほんらい》、修行《しゅぎょう》の功徳《くどく》によって安楽《あんらく》な境涯《きょうがい》に生まれるべきところを、苦悩《くのう》に沈《しず》む民衆《みんしゅう》を救済《きゅうさい》するために、自《みずか》ら願《ねが》って悪世《あくせ》に生まれること。

〈注14〉【宿業《しゅくごう》】過去世《かこせ》の行《おこな》い。「宿《しゅく》」は宿世《しゅくせ》すなわち過去世《かこせ》のこと。「業《ごう》」は善悪《ぜんあく》の行《おこな》い。大半《たいはん》の仏教では、しばしば運命決定論的《うんめいけっていろんてき》に用《もち》いられるが、日蓮大聖人の仏法では宿業《しゅくごう》の転換《てんかん》を説《と》く。

〈注15〉【マルクス・アウレリウス】一二一年〜一八〇年。第《だい》十六代《だい》ローマ皇帝《こうてい》で哲人《てつじん》。ストア哲《てつ》学《がく》などの学識《がくしき》に長《た》け、自省自戒《じせいじかい》の言葉《ことば》を綴《つづ》った『自省録《じせいろく》』が有名《ゆうめい》。引用は共《とも》に、神谷美恵子訳『自省録《じせいろく》』岩波文庫から。

世界を結《むす》ぶ宗教《しゅうきょう》――「善知識《ぜんちしき》」の励《はげ》ましの連帯《れんたい》

世界広宣流布の潮流《ちょうりゅう》は、もはや誰人《たれびと》も止めることはできません。

二〇一三年（平成二十五年）に「広宣流布大誓堂《だいせいどう》」が完成《かんせい》し、世界広布新時代が本格的《ほんかくてき》に始《はじ》まりました。この間、各国《かっこく》、各地域《かくちいき》で、妙法流布《るふ》の誓願《せいがん》に生きゆく地涌《じゆ》の勇士《ゆうし》たちは、青年を先頭《せんとう》に、見事《みごと》に広布拡大《かくだい》を成《な》し遂《と》げてきました。皆《みな》さんのおかげで、万代《ばんだい》にわたる基盤《きばん》を、より堅固《けんご》に築《きず》き上《あ》げることができたのです。

いよいよ、「時《とき》のしからしむる」（御書三二九ページ）との御聖訓《ごせいくん》のままに、滔々《とうとう》たる大河《たいが》の如《ごと》く水かさを増《ま》し、潤《うるお》す流域《りゅういき》を広《ひろ》げながら、世界広布をさらに前進《ぜんしん》させゆく時《とき》を迎《むか》えました。

人間の善性《ぜんせい》の薫発《くんぱつ》と連帯《れんたい》

創価学会は、生命尊厳《せいめいそんげん》の哲理《てつり》たる日蓮大聖人の仏法を世界に広《ひろ》める広宣流布の団体《だんたい》です。

人間の善性《ぜんせい》を薫発《くんぱつ》して、民衆《みんしゅう》の境涯《きょうがい》を高《たか》め、幸福《こうふく》と平和《へいわ》の連帯《れんたい》を拡大《かくだい》していくことが広宣流布の目的《もくてき》です。

あらためて思《おも》えば、わが学会は、人類救済《じんるいきゅうさい》と恒久平和《こうきゅうへいわ》を実現《じつげん》する崇高《すうこう》な使命《しめい》を帯《お》びて、一九三〇年（昭和五年）、二つの世界大戦《たいせん》に挟《はさ》まれた時《とき》に出現《しゅつげん》しました。

そして、一九七五年（昭和五十年）、東西冷戦《とうざいれいせん》のさなか、核戦争《かくせんそう》の危機《きき》さえ帯《お》びた時代《じだい》にＳＧＩ（創価学会インタナショナル）が発足《ほっそく》しました。

「創価学会は、すでに世界的出来事《せかいてきできごと》」

トインビー博士〈注1〉は、一九七二年（昭和四十七年）に出版《しゅっぱん》された英文《えいぶん》『人間革命』第《だい》一巻《かん》に序文《じょぶん》を寄《よ》せてくださり、「創価学会は、すでに世界的出来《でき》事《ごと》である」「日蓮の地平《ちへい》（視野《しや》）と関心《かんしん》は、日本の海岸線《かいがんせん》に限定《げんてい》されるものではなかった。日蓮は、自分《じぶん》の思《おも》い描《えが》く仏教《ぶっきょう》は、すべての場所《ばしょ》の人間仲間《なかま》を救済《きゅうさい》する手段《しゅだん》であると考《かんが》えた。創価学会は、人間革命の活動《かつどう》を通《とお》し、その日蓮の遺命《ゆいめい》を実行《じっこう》しているのである」と述《の》べられました。

まさに今、地球規模《ちきゅうきぼ》で広《ひろ》がる創価の人間革命の運動《うんどう》を、いやまして人々が注《ちゅう》目《もく》し、期待《きたい》する時代《じだい》に入《はい》っています。

私たちは、この時《とき》を逃《のが》さず、一人一人が幸福《こうふく》の花を咲《さ》かせつつ、世界平和《へいわ》の実現《じつげん》へ、人類《じんるい》の宿命転換《しゅくめいてんかん》へ、一歩《いっぽ》また一歩《いっぽ》と、「人間対《たい》人間」の対話《たいわ》を力強《ちからづよ》く進《すす》めてまいりたい。

「乱《みだ》れた世《よ》の中《なか》を変《か》えていくのだ」

恩師《おんし》・戸田城聖《じょうせい》先生は語《かた》られました。

「今《いま》の乱《みだ》れた世《よ》の中《なか》を、創価学会が変《か》えていくのだ。勇気《ゆうき》を奮《ふる》い起《お》こし、一致団結《いっちだんけつ》して、広宣流布の大道《だいどう》を進《すす》もうではないか！」と。

未聞《みもん》の大偉業《だいいぎょう》に、障魔《しょうま》が競《きそ》い起《お》こるのは必然《ひつぜん》です。だからこそ、仏《ほとけ》の陣列《じんれつ》である私たちは、信心根本《こんぽん》に、どこまでも「団結《だんけつ》」していくのです。いかなる三《さん》障四魔《しょうしま》や三類《さんるい》の強敵《ごうてき》〈注2〉にも絶対《ぜったい》に破《やぶ》れない「広布の城《しろ》」「民衆《みんしゅう》の城《しろ》」「平《へい》和《わ》の城《しろ》」を創《つく》り上《あ》げていく責務《せきむ》があるのです。

仏道《ぶつどう》を正しく実践《じっせん》し、法《ほう》を広《ひろ》めゆく人々の集《つど》いを、「和合僧《わごうそう》」と呼《よ》びます。仏教《ぶっきょう》では、民主的《みんしゅてき》な共同体《きょうどうたい》であるサンガ〈注3〉という和合僧《わごうそう》があってこそ、各人《かくじん》の仏道修行《ぶつどうしゅぎょう》が成就《じょうじゅ》することが説《と》かれています。今日《こんにち》で言《い》えば「組織《そしき》」です。私たちが信仰《しんこう》を実践《じっせん》し、一生成仏《いっしょうじょうぶつ》を実現《じつげん》し、広宣流布を目指《めざ》すためには組《そ》織《しき》が不可欠《ふかけつ》です。創価学会こそが、現代《げんだい》における世界広布の和合僧《わごうそう》にほかなりません。

ここでは、「広宣流布の組織《そしき》」の重要性《じゅうようせい》について、御書を拝《はい》して確認《かくにん》していきましょう。

三三蔵祈雨事《さんさんぞうきうのこと》

御文　（御書一四六八ジ《ペー》一行目～七行目）

夫《そ》れ木《き》をうえ候《そうろう》には大風《おおかぜ》吹《ふ》き候《そうら》へどもつよき強扶介《すけ》をかひぬれば・たうれず、本《もと》より生《お》いて候木《そうろうき》なれども根《ね》の弱《よわ》きは・たうれぬ、甲斐無《かいな》き者《もの》なれども・たすくる者強《ものつよ》ければたうれず、すこし健《けなげ》の者《もの》も独《ひとり》なれば悪《あ》しきみちには・たうれぬ（中略）仏《ほとけ》になるみちは善知識《ぜんちしき》にはすぎず、わが智慧《ちえ》なににかせん、ただあつき《温》つめたき《寒》ばかりの智慧《ちえ》だにも候《そうろう》ならば善知識《ぜんちしき》たいせち《大切》なり

現代語訳

そもそも、木を植《う》える場合《ばあい》、大風《おおかぜ》が吹《ふ》いたとしても、強《つよ》い支《ささ》えがあれば倒《たお》れない。もともと生《は》えていた木であっても、根《ね》の弱《よわ》いものは倒《たお》れてしまう。弱《よわ》く不甲斐《ふがい》ない者《もの》であっても、助《たす》ける者《もの》が強《つよ》ければ倒《たお》れない。少《すこ》し壮健《そうけん》な者《もの》でも、独《ひと》りであれば悪《わる》い道《みち》では倒《たお》れてしまう。

（中略）

仏《ほとけ》になる道《みち》は善知識《ぜんちしき》に勝《まさ》るものはない。わが智慧《ちえ》は何《なん》の役《やく》に立とう。ただ暑《あつ》さ寒《さむ》さを知《し》るだけの智慧《ちえ》でもあるならば、善知識《ぜんちしき》が大切《たいせつ》な

のである。

仏典《ぶってん》に記《しる》された釈尊《しゃくそん》と阿難《あなん》の対話《たいわ》

「三三蔵祈雨事《さんさんぞうきうのこと》」〈注4〉の一節《いっせつ》では、「善知識《ぜんちしき》」〈注5〉という強《つよ》い支《ささ》えがあれば、必《かなら》ず苦難《くなん》や試練《しれん》を乗《の》り越《こ》えられると教《おし》えられています。

釈尊《しゃくそん》と弟子《でし》の阿難《あなん》〈注6〉との対話《たいわ》のエピソードがあります。

——ある時《とき》、阿難《あなん》は釈尊《しゃくそん》に尋《たず》ねました。

「私どもが善《よ》き友《とも》を持《も》ち、善《よ》き友《とも》と一緒《いっしょ》に進《すす》むことは、すでに仏道《ぶつどう》の半《なか》ばを成就《じょうじゅ》したに等《ひと》しいと思《おも》われます。この考《かんが》え方《かた》は、正しいでしょうか」

それに対《たい》して、釈尊《しゃくそん》は明確《めいかく》に答《こた》えました。

「阿難《あなん》よ、その考《かんが》え方《かた》は、正しくない。善《よ》き友《とも》を持《も》ち、善《よ》き友《とも》と一緒《いっしょ》に進《すす》むということは、仏道《ぶつどう》の半《なか》ばではなく、仏道《ぶつどう》の全《すべ》てなのである」と——。

ここに、仏道修行《ぶつどうしゅぎょう》の本来《ほんらい》の在《あ》り方《かた》が、端的《たんてき》に示《しめ》されています。最後《さいご》まで正しき信心を全《まっと》うし、真実《しんじつ》の勝利《しょうり》の人生を歩《あゆ》み抜《ぬ》くためには、自分《じぶん》を支《ささ》えてくれる「善《よ》き友《とも》」、すなわち「善知識《ぜんちしき》」の存在《そんざい》が絶対《ぜったい》に必要《ひつよう》なのです。

正しい仏法に導《みちび》く師匠《ししょう》・善友《ぜんゆう》

もともと仏法用語《ようご》の「知識《ちしき》」とは、サンスクリット（古代《こだい》インドの言語《げんご》）の「ミトラ（友人《ゆうじん》）」を漢訳《かんやく》した言葉《ことば》です。

ですから、「善知識《ぜんちしき》」とは、正しい仏法に導《みちび》いてくれる人、すなわち「善《よ》き師匠《ししょう》」であり「善《よ》き同志《どうし》」「善友《ぜんゆう》」のことを指《さ》します。

大聖人は、「わが智慧《ちえ》なににかせん」と述《の》べられ、善知識《ぜんちしき》を求《もと》めていくことが、何《なに》にもまして大切《たいせつ》になることを強調《きょうちょう》されています。

なぜなら、仏《ほとけ》になる道《みち》以外《いがい》に、「生死《しょうじ》」という人生の根源的《こんげんてき》な悩《なや》みを乗《の》り越《こ》える方途《ほうと》はありません。自身《じしん》を支《ささ》え、励《はげ》ましてくれる善知識《ぜんちしき》に縁《えん》することで、私たちは信心を鍛《きた》え、幸福《こうふく》への智慧《ちえ》を出《いだ》し、絶対的《ぜったいてき》な仏《ほとけ》の境涯《きょうがい》を開《ひら》いていくことができるからです。

仏道修行《ぶつどうしゅぎょう》に励《はげ》もうとする心《こころ》を破《やぶ》る

しかし、善知識《ぜんちしき》は「爪《つめ》の上の土」よりも少《すく》なく、出会《であ》うことは極《きわ》めて難《むずか》しい〈注7〉。一方《いっぽう》で、信心の実践《じっせん》を妨《さまた》げる存在《そんざい》として「悪知識《あくちしき》」があります。その特徴《とくちょう》を大聖人は、「甘《あま》い言葉《ことば》で語《かた》り掛《か》け、偽《いつわ》り、媚《こ》び、言葉《ことば》巧《たく》みに、愚癡《ぐち》の人たちの心《こころ》を取《と》って、仏道修行《ぶつどうしゅぎょう》に励《はげ》もうとする心《こころ》を破《やぶ》る」（御書七ジペー、通解）と喝《かっ》破《ぱ》されています〈注8〉。

牧口先生が御書に線《せん》を引《ひ》かれ、弟子《でし》たちに深《ふか》き用心《ようじん》を促《うなが》されていた御聖訓《ごせいくん》です。

悪知識《あくちしき》は、実《じつ》に紛《まぎ》らわしい姿《すがた》で、私たちの心《こころ》を揺《ゆ》さぶり、求道《きゅうどう》の善心《ぜんしん》を破壊《はかい》しようと迫《せま》ってきます。しかも、悪世末法《あくせまっぽう》はなおさら善知識《ぜんちしき》が少《すく》なく、悪知識《あくちしき》が充満《じゅうまん》しているのです。

したがって、善知識《ぜんちしき》にめぐりあうこと、善知識《ぜんちしき》の世界《せかい》に縁《えん》することが、どれだけ貴重《きちょう》であり、幸運《こううん》なことか、計《はか》り知《し》れません。

創価学会は「民衆《みんしゅう》の安全地帯《あんぜんちたい》」

大聖人は「悪知識《あくちしき》を捨《す》てて善友《ぜんゆう》に親近《しんごん》せよ」（御書一二四四ジペー）と厳命《げんめい》されました。ゆえに、悪知識《あくちしき》を見破《みやぶ》り、障魔《しょうま》をはね返《かえ》す「正義《せいぎ》の砦《とりで》」が大切《たいせつ》なのです。

創価学会は、牧口先生、戸田先生の不惜身命《ふしゃくしんみょう》〈注9〉の闘争《とうそう》から始《はじ》まった大聖人直結《ちょっけつ》の団体《だんたい》です。御本仏《ごほんぶつ》の一切衆生救済《いっさいしゅじょうきゅうさい》の精神《せいしん》が横溢《おういつ》している、「民衆《みんしゅう》の安全地帯《あんぜんちたい》」です。善友《ぜんゆう》が集《つど》い合《あ》い、誰《だれ》も置《お》き去《ざ》りにしない「温《あたた》かな人間主義《しゅぎ》の組織《そしき》」です。

地位《ちい》や名誉《めいよ》、財産《ざいさん》も関係《かんけい》なく、老若男女《ろうにゃくなんにょ》を問《と》わず、互《たが》いに飾《かざ》らず、ありのままの人間として共《とも》に励《はげ》まし合《あ》い、共々《ともども》に成長《せいちょう》し、幸福《こうふく》を勝《か》ち取《と》る「庶民《しょみん》の城《しろ》」でもあります。

戸田先生は、「創価学会の組織《そしき》は、戸田の命《いのち》よりも大事《だいじ》である！」と宣言《せんげん》されました。仏勅《ぶっちょく》（仏《ほとけ》の命令《めいれい》）の使命《しめい》を帯《お》びた未曾有《みぞう》の世界広宣流布の団体《だんたい》を、断《だん》じて大切《たいせつ》にせよとの師子吼《ししく》です。

「学会員を大切《たいせつ》に励《はげ》ましていくのだ」

戸田先生は、リーダーによく語《かた》られました。

「会員を大切《たいせつ》に頼《たの》むよ！　頼《たの》むよ！

学会員は大聖人の子どもである。大聖人の仏法を流布《るふ》している仏《ほとけ》さまである。ゆえに、大切《たいせつ》に励《はげ》まし、守《まも》り抜《ぬ》いていくのだ」と。

新会員の宝友《ほうゆう》を大切《たいせつ》に育成《いくせい》していくために、私たちが先輩《せんぱい》として心掛《こころが》けたい点《てん》があります。それは、「共《とも》に」という一点《いってん》です。

「共《とも》に」という心《こころ》と行動《こうどう》のなかに、日蓮仏法の真髄《しんずい》があります。師弟《してい》の本質《ほんしつ》も「共戦《きょうせん》」にあるのです。御書には「喜《き》とは自他共《じたとも》に喜《よろこ》ぶ事《こと》なり（中略）自他《じた》共《とも》に智慧《ちえ》と慈悲《じひ》と有《あ》るを喜《き》とは云《い》うなり」（七六一ジペー）と仰《おお》せです。

自分《じぶん》一人だけの喜《よろこ》びにとどまりません。自他共《じたとも》に喜《よろこ》び、智慧《ちえ》と慈悲《じひ》を発揮《はっき》することが、最高《さいこう》の喜《よろこ》びになるのです。

今《いま》、多《おお》くの新会員が決意《けつい》も新《あら》たに折伏《しゃくぶく》・弘教《ぐきょう》に奮闘《ふんとう》しています。青年部の共《きょう》進《しん》、共戦《きょうせん》も頼《たの》もしい限《かぎ》りです。

新《あら》たに立ち上がった友《とも》も多《おお》い。その陰《かげ》には、共々《ともども》に広布の大道《だいどう》を進《すす》んでいきたいと、共《とも》に励《はげ》まし、共《とも》に祈《いの》り、共《とも》に学び、共《とも》に動《うご》き続《つづ》けてくれた幾多《いくた》の先輩《せんぱい》や同志《どうし》の奮闘《ふんとう》があります。

先輩《せんぱい》たちにとっても、そうした経験《けいけん》は、自身《じしん》の境涯《きょうがい》を開《ひら》くきっかけとなっています。また、成長《せいちょう》した人材《じんざい》が、今度《こんど》は後輩《こうはい》と一緒《いっしょ》に前進《ぜんしん》する中で「心《こころ》の財《たから》」（御書一一七三ジペー）を積《つ》み上げていきます。こうした希望《きぼう》の連動《れんどう》の中でこそ、私たちは悩《なや》みを乗《の》り越《こ》えて、自他共《じたとも》に大歓喜《だいかんき》の人間革命を成《な》し遂《と》げていくことができるのです。

異体同心事《いたいどうしんじ》

御文

（御書一四六三ページ一行目〜六行目）

異体同心《いたいどうしん》なれば万事《ばんじ》を成《じょう》じ同体異心《どうたいいしん》なれば諸事叶《しょじかな》う事《こと》なしと申《もう》す事《こと》は外典三千余巻《げてんさんぜんよかん》に定《さだま》りて候《そうろう》、殷《いん》の紂王《ちゅうおう》は七十万騎《ななじゅうまんき》なれども同体異心《どうたいいしん》なればいくさ《軍》にまけ《負》ぬ、周《しゅう》の武王《ぶおう》は八百人《はっぴゃくにん》なれども異体同心《いたいどうしん》なればかち《勝》ぬ（中略）日蓮《にちれん》が一類《いちるい》は異体同心《いたいどうしん》なれば人人《ひとびと》すくなく候《そうら》へども大事《だいじ》を成《じょう》じて・一定法華経《いちじょうほけきょう》ひろま

りなんと覚《おぼ》へ候《そうろう》、悪《あく》は多《おお》けれども一善《いちぜん》にかつ事《こと》なし

現代語訳

異体同心《いたいどうしん》であれば万事《ばんじ》を成《な》し遂《と》げることができるであろうが、同体《どうたい》異心《いしん》であれば諸事万般《しょじばんぱん》にわたって叶《かな》うことはないであろう。

このことは、外典《げてん》の三千余巻《よかん》の書物《しょもつ》にも定《さだ》まっていることである。殷《いん》の紂王《ちゅうおう》は、七十万騎《まんき》であったが同体異心《どうたいいしん》であったので、戦《たたか》いに負《ま》けてしまった。周《しゅう》の武王《ぶおう》は、わずか八百人であったけれど、異体同心《いたいどうしん》であったので、勝《か》ったのである。（中略）

日蓮の門下《もんか》は異体同心《いたいどうしん》であるので、人々は少《すく》ないけれども、大事《だいじ》を成《な》し遂《と》げて、必《かなら》ず法華経が広《ひろ》まるであろうと考《かんが》えるのである。悪《あく》は多《おお》

けれども一善《いちぜん》に勝《か》つことはない。

永遠《えいえん》にわたる「勝利《しょうり》の方程式《ほうていしき》」

続《つづ》いて拝《はい》するのは、広布推進《すいしん》の要諦《ようてい》である「異体同心《いたいどうしん》の団結《だんけつ》」について述《の》べられた「異体同心事《いたいどうしんじ》」〈注10〉の御文《ごもん》です。ここには、後世永遠《こうせいえいえん》に弟子《でし》一同《いちどう》が拝《はい》すべき勝利《しょうり》の方程式《ほうていしき》が厳然《げんぜん》と記《しる》されています。

大聖人が身延《みのぶ》に入られた文永《ぶんえい》十一年（一二七四年）五月以後《いこう》、駿河《するが》（静岡県中央部《ちゅうおうぶ》）では、日興上人《にっこうしょうにん》を中心《ちゅうしん》に弘教《ぐきょう》が進《すす》み、他宗《たしゅう》の僧《そう》や在家《ざいけ》の人々が次々《つぎつぎ》と帰依《きえ》しました。

こうした動《うご》きに、熱原郷《あつはらごう》の滝泉寺《りゅうせんじ》の院主代《いんしゅだい》（住職代理《じゅうしょくだいり》）であった行智《ぎょうち》が危機《きき》感《かん》を募《つの》らせました。権勢《けんせい》を利用《りよう》し、謀略《ぼうりゃく》を巡《めぐ》らせて、大聖人門下《もんか》への弾圧《だんあつ》を企《くわだ》てるのです。

本抄では、権力《けんりょく》と聖職者《せいしょくしゃ》が結託《けったく》した迫害《はくがい》のなか、門下《もんか》が大難《だいなん》を乗《の》り越《こ》えていく要諦《ようてい》として「異体同心《いたいどうしん》」の団結《だんけつ》が強調《きょうちょう》されております。

一人の特質《とくしつ》や個性《こせい》を最大《さいだい》に尊重《そんちょう》

冒頭《ぼうとう》で、「異体同心《いたいどうしん》なれば万事《ばんじ》を成《じょう》じ同体異心《どうたいいしん》なれば諸事叶《しょじかな》う事《こと》なし」と、異体同心《いたいどうしん》を成《な》し遂《と》げる信心の大切《たいせつ》さを示《しめ》されています。

「異体《いたい》」とは、一人一人の姿形《すがたかたち》、性格《せいかく》、才能《さいのう》、特質《とくしつ》などが、さまざまに異《こと》なることであり、「同心《どうしん》」とは、志《こころざし》や心《こころ》、目的観《もくてきかん》を同《おな》じくすることを指《さ》します。

したがって、「異体同心《いたいどうしん》」とは、一人一人の特質《とくしつ》や個性《こせい》を最大《さいだい》に尊重《そんちょう》しつつ、共通《きょうつう》の目的《もくてき》のもとに心《こころ》を合《あ》わせて団結《だんけつ》し、行動《こうどう》していく姿《すがた》です。反対《はんたい》に「同体異心《どうたいいしん》」とは、外見上《がいけんじょう》は一つの姿《すがた》でも、心《こころ》は全《まった》くまとまっていない状態《じょうたい》をいいます。

その具体的《ぐたいてき》な例《れい》として、古代中国《こだいちゅうごく》における「殷《いん》の紂王《ちゅうおう》」と「周《しゅう》の武王《ぶおう》」の戦《たたか》いが挙《あ》げられています〈注11〉。

ここで象徴的《しょうちょうてき》なことは、殷《いん》の兵士《へいし》たちも、心中《しんちゅう》では紂王《ちゅうおう》が倒《たお》れることを望《のぞ》んでいたということです。『史記《しき》』〈注12〉には、彼《かれ》らが武器《ぶき》を逆《さか》さまに持《も》ち、周《しゅう》の軍勢《ぐんぜい》に道《みち》を開《あ》けたと伝《つた》えられています。

悪《あく》の勢力《せいりょく》は、互《たが》いの利害《りがい》で野合《やごう》することはあっても、結局《けっきょく》は離反《りはん》します。真《しん》に「同心《どうしん》」たらしめるか否《いな》かは、民衆《みんしゅう》の幸福《こうふく》を願《ねが》う「志《こころ》ざし」があるかないかです。目的観《もくてきかん》の深《ふか》さが、揺《ゆ》るがぬ異体同心《いたいどうしん》の団結《だんけつ》を築《きず》くのです。

広布を目指《めざ》す「正義《せいぎ》の連帯《れんたい》」

いかに強大《きょうだい》な権力《けんりょく》をもって迫害《はくがい》を加《くわ》えようとも、広布を目指《めざ》す正義《せいぎ》の連帯《れんたい》である「一善《いちぜん》」を破壊《はかい》することはできません。強《つよ》き信心の団結《だんけつ》を貫《つらぬ》き通《とお》せば、いかなる障魔《しょうま》をも打《う》ち破《やぶ》り、絶対《ぜったい》に勝利《しょうり》していけるのです。

では、異体同心《いたいどうしん》の団結《だんけつ》を築《きず》くためには、どうすればいいのか――。

私は、広宣流布の師匠《ししょう》である戸田先生のもとで、「師《し》と共《とも》に」との一念《いちねん》を定《さだ》めて祈《いの》り、戦《たたか》い抜《ぬ》きました。

「誰《だれ》か」ではなく「自《みずか》ら」が立《た》ち上《あ》がり、広布拡大《かくだい》の先陣《せんじん》を切《き》り開《ひら》いていく。そして、どこまでも同志《どうし》と力《ちから》を合《あ》わせ、互《たが》いに励《はげ》まし合《あ》いながら進《すす》むのです。

「異体同心《いたいどうしん》」の「心《こころ》」とは「広宣流布を願《ねが》う心《こころ》」です。また、同志《どうし》である「学会員を尊敬《そんけい》する心《こころ》」です。さらには、いかなる圧迫《あっぱく》も恐れない「師子王《ししおう》の心《こころ》」です。そして、この究極《きゅうきょく》が「師弟不二《していふに》の心《こころ》」なのです。

「自他彼此《じたひし》の心《こころ》なく」前進《ぜんしん》

大聖人は「生死一大事血脈抄《しょうじいちだいじけつみゃくしょう》」の中で、「総《そう》じて日蓮が弟子檀那等《でしだんなとう》・自他彼《じたひ》此《し》の心《こころ》なく水魚《すいぎょ》の思《おもい》を成《な》して異体同心《いたいどうしん》にして南無妙法蓮華経と唱《とな》え奉《たてまつ》る処《ところ》を生《しょう》死一大事《じいちだいじ》の血脈《けつみゃく》とは云《い》うなり、然《しか》も今《いま》日蓮が弘通《ぐつう》する処《ところ》の所詮是《しょせんこれ》なり、若《も》し然《しか》らば広宣流布《こうせんるふ》の大願《だいがん》も叶《かな》うべき者《もの》か」（御書一三三七ページ）とも仰《おお》せです。
「生死一大事《しょうじいちだいじ》の血脈《けつみゃく》」とは、生命《せいめい》の根源《こんげん》の法《ほう》（南無妙法蓮華経）が、仏《ほとけ》から人々の生命《せいめい》に伝《つた》えられることです。異体同心《いたいどうしん》で南無妙法蓮華経と唱《とな》えてこそ、一生《いっしょう》成仏《じょうぶつ》も、広布の大願《だいがん》も実現《じつげん》するとの仰《おお》せです。

それは、「自他彼此《じたひし》の心《こころ》なく」とあるように、互《たが》いに対立《たいりつ》し、排斥《はいせき》しあうのではなく、また、「水魚《すいぎょ》の思《おもい》を成《な》して」とあるように、互《たが》いをかけがえのない存在《そんざい》、自分《じぶん》にとって不可欠《ふかけつ》な存在《そんざい》として大切《たいせつ》に思《おも》うことです。どこまでも広宣流布のために、心《こころ》を一つに題目を唱《とな》え、互《たが》いに助《たす》け合《あ》っていくことこそ、「異《い》体同心《たいどうしん》」なのです。

個人《こじん》も個性《こせい》も輝《かがや》きを増《ま》していく

団結《だんけつ》が強調《きょうちょう》されると、ともすれば、「個人《こじん》」や「個性《こせい》」は押《お》しつぶされて埋《まい》没《ぼつ》してしまうと思《おも》うかもしれません。しかし、大聖人が教《おし》える「異体同心《いたいどうしん》」は全《まった》く違《ちが》います。

仏法は万人《ばんにん》に仏性《ぶっしょう》があると説《と》き、どこまでも一人一人の可能性《かのうせい》を信《しん》じ、その開花《かいか》を促《うなが》します。「桜梅桃李《おうばいとうり》」です。一人一人の個性《こせい》を重視《じゅうし》し、互《たが》いに磨《みが》き合《あ》い、生かしあっていく不断《ふだん》の努力《どりょく》があってこそ、大聖人の示《しめ》された「異体同《いたいどう》心《しん》」が実現《じつげん》していくのです。

反対《はんたい》に言《い》えば、各人《かくじん》が麗《うるわ》しい「異体同心《いたいどうしん》」の集《つど》いの中でこそ、個人《こじん》も個性《こせい》も輝《かがや》きを増《ま》すといえます。「同心《どうしん》」を目指《めざ》しての信仰《しんこう》の錬磨《れんま》があってこそ、「異《い》体《たい》」の価値《かち》がいやまして光《ひか》るのです。

現実《げんじつ》に学会では、自身《じしん》の使命《しめい》を自覚《じかく》した多彩《たさい》な宝友《ほうゆう》が、同志《どうし》との励《はげ》まし合《あ》いを力《ちから》として、自分《じぶん》らしく生《い》き生《い》きと個性《こせい》を発揮《はっき》して社会《しゃかい》のあらゆる分野《ぶんや》で乱舞《らんぶ》しています。戸田先生は「異体同心《いたいどうしん》ならば叶《かな》わないことはない。その逆《ぎゃく》ならば、何《なん》であっても崩《くず》れてしまう」と繰《く》り返《かえ》し語《かた》られていました。

識者《しきしゃ》「青年や女性《じょせい》の力《ちから》が発揮《はっき》」

欧州《おうしゅう》で活躍《かつやく》されている宗教学者《しゅうきょうがくしゃ》のミヒャエル・フォン・ブリュック博士〈注13〉は、創価学会の社会的役割《しゃかいてきやくわり》に期待《きたい》し、聖教新聞にも声《こえ》を寄《よ》せられています。

「学会では、青年や女性《じょせい》の力《ちから》を引《ひ》き出《だ》すために、さまざまな運動《うんどう》を推進《すいしん》してきていますが、その運動《うんどう》の中心的《ちゅうしんてき》な立場《たちば》を担《にな》っているのはメンバー一人一人です」

「学会の運動《うんどう》は、あらゆる人々が積極的《せっきょくてき》に参加《さんか》し、社会的《しゃかいてき》な力《ちから》を発揮《はっき》できるものです。だからこそ、学会は批判《ひはん》もされてきました。しかし、そうした運動《うんどう》がなければ、社会《しゃかい》を変《か》えることはできません」

欧州《おうしゅう》をはじめ、世界のいずこにあっても、創価学会は民族《みんぞく》や文化《ぶんか》・習慣《しゅうかん》、そして言語《げんご》の壁《かべ》を越《こ》えて、異体同心《いたいどうしん》の躍動《やくどう》があります。とりわけ座談会《ざだんかい》には、一人一人の個性《こせい》が輝《かがや》きながら、美《うつく》しい友情《ゆうじょう》と信頼《しんらい》の花が咲《さ》き薫《かお》っています。ブリュック博士ご自身《じしん》も、学会の座談会《ざだんかい》に参加《さんか》して共感《きょうかん》され、そのなかでも女性《じょせい》の活躍《かつやく》を賞讃《しょうさん》されていました。

今後《こんご》さらに、創価学会の異体同心《いたいどうしん》の哲学《てつがく》が、人類《じんるい》の調和《ちょうわ》と和合《わごう》の原理《げんり》として、普遍的《ふへんてき》な価値《かち》を創造《そうぞう》していくことは間違《まちが》いありません。

創価学会という善知識《ぜんちしき》の中で、共《とも》に切磋琢磨《せっさたくま》し、成長《せいちょう》していく世界市民《しみん》の輩出《はいしゅつ》にこそ、地球社会《ちきゅうしゃかい》の確《たし》かな未来《みらい》と平和《へいわ》があるのです。

どこまでも創価の中で共《とも》に進《すす》もう

広布の誓願《せいがん》に向《む》かって異体同心《いたいどうしん》で進《すす》む学会だからこそ、一人一人が人間革命できるのです。そして、人々が希求《ききゅう》してやまなかった恒久平和《こうきゅうへいわ》への連帯《れんたい》を創《つく》り広《ひろ》げながら、やがては国土《こくど》、そして全人類《ぜんじんるい》の宿命《しゅくめい》の転換《てんかん》をも可能《かのう》にしていくのです。創価学会には「希望創出《きぼうそうしゅつ》」の使命《しめい》があるのです。

さあ、各人《かくじん》が広布の山の登攀《とうはん》を目指《めざ》して、共《とも》に進《すす》み、共々《ともども》に勝利《しょうり》の歴史《れきし》を築《きず》いてまいりましょう！

〔注　解〕

〈注1〉【トインビー博士】アーノルド・J・トインビー。一八八九年～一九七五年。イギリスの歴史学者《れきしがくしゃ》・文明史家《ぶんめいしか》。ロンドン大学、王立国際問題研究所《こくさいもんだいけんきゅうじょ》の要職《ようしょく》を歴任《れきにん》。代表作《だいひょうさく》『歴史《れきし》の研究《けんきゅう》』は各界《かっかい》に大きな影響《えいきょう》を与《あた》えた。池田先生との対談《たいだん》『二十一世紀《せいき》への対話《たいわ》』（『池田大作全集』3巻）は、人類《じんるい》に貴重《きちょう》な展望《てんぼう》を与《あた》えるものとして、今《いま》も大きな反響《はんきょう》を広《ひろ》げている。

〈注2〉【三類《さんるい》の強敵《ごうてき》】釈尊滅後《しゃくそんめつご》の悪世《あくせ》で法華経を弘通《ぐつう》する人を迫害《はくがい》する三種類《しゅるい》の強敵《ごうてき》。①俗衆増《ぞくしゅぞう》上慢《じょうまん》（在家《ざいけ》の迫害者《はくがいしゃ》）②道門増上慢《どうもんぞうじょうまん》（出家《しゅっけ》の迫害者《はくがいしゃ》）③僭聖増上慢《せんしょうぞうじょうまん》（迫害《はくがい》の元凶《げんきょう》となる高《こう》僧《そう》）。

〈注3〉【サンガ】仏道《ぶつどう》を正しく実践《じっせん》し広《ひろ》めている人々の集《つど》い。サンスクリットではサンガと呼《よ》ばれ、漢訳経典《かんやくきょうてん》では「僧伽《そうぎゃ》」などと音写《おんしゃ》され、「和合《わごう》」などと訳《やく》される。その両者《りょうしゃ》を併《あわ》せて「和合僧《わごうそう》」ともいう。この「僧《そう》」とは、音写《おんしゃ》であって、出家僧《しゅっけそう》に限定《げんてい》されない。本来《ほんらい》、サンガとは、「集団《しゅうだん》」「集会《しゅうかい》」「会議《かいぎ》」など民主的《みんしゅてき》な集団《しゅうだん》を表現《ひょうげん》する言葉《ことば》だが、仏教徒《ぶっきょうと》の僧俗男女《そうぞくだんじょ》の集《つど》いとして用《もち》いられるようになった。

〈注4〉【三三蔵祈雨事《さんさんぞうきうのこと》】建治元年《けんじがんねん》（一二七五年）、または、その翌年に身延《みのぶ》で著《あらわ》され、駿河国《するがのくに》

（静岡県中央部《ちゅうおうぶ》）富士上方西山郷《ふじかみかたにしやまごう》に住《す》む門下《もんか》・西山入道《にしやまにゅうどう》に与《あた》えられたお手紙《てがみ》とされる。善知《ぜんち》識《しき》の重要性《じゅうようせい》や現証《げんしょう》の重要性《じゅうようせい》が説《と》かれていることで知《し》られている。

〈注5〉【善知識《ぜんちしき》】よい友人・知人《ちじん》の意《い》。仏法を教《おし》え仏道《ぶつどう》に導《みちび》いてくれる人。師匠《ししょう》や、仏道修行《しゅぎょう》を励《はげ》ましてくれる先輩《せんぱい》・同志《どうし》をいう。これに対《たい》して、誤《あやま》った教《おし》えを説《と》いて人々を迷《まよ》わせ、仏道修行《しゅぎょう》を妨《さまた》げたり不幸《ふこう》に陥《おとしい》れる悪僧《あくそう》・悪人《あくにん》を「悪知識《あくちしき》」という。

〈注6〉【阿難《あなん》】釈尊《しゃくそん》の声聞《しょうもん》の十大弟子《でし》の一人。釈尊《しゃくそん》の侍者《じしゃ》として、多《おお》くの説法《せっぽう》を聞《き》き、多聞第一《たもんだいいち》とされる。

〈注7〉「三三蔵祈雨事《さんさんぞうきうのこと》」では、「されば仏《ほとけ》は善知識《ぜんちしき》に値《あ》う事《こと》をば一眼《いちげん》のかめ《亀》の浮木《うきぎ》に入《い》り・梵天《ぼんてん》よりいと《糸》を下《さげ》て大地《だいち》のはりのめ《針目》に入《い》るにたとへ給《たま》へり、而《しか》るに末代悪世《まつだいあくせ》には悪知識《あくちしき》は大地《だいち》微塵《みじん》よりもをほく善知識《ぜんちしき》は爪上《そうじょう》の土《ど》よりもすくなし」（御書一四六八ページ）と示《しめ》されている。

〈注8〉「唱法華題目抄《しょうほっけだいもくしょう》」に、「悪知識《あくちしき》と申《もう》すは甘《あま》くかたらひ詐《いつわ》り媚《こ》び言《ことば》を巧《たくみ》にして愚癡《ぐち》の人《ひと》の心《こころ》を取《と》って善心《ぜんしん》を破《やぶ》るといふ事《こと》なり」（御書七ページ）と仰《おお》せである。

〈注9〉【不惜身命《ふしゃくしんみょう》】「身命《しんみょう》を惜《お》しまざるべし」と読《よ》み下《くだ》す。法華経勧持品第十三《かんじほんだい》の文（法華経四一二ページ）。仏法求道《きゅうどう》のため、また法華経弘通《ぐつう》のために身命《しんみょう》を惜《お》しまないこと。

〈注10〉【異体同心事《いたいどうしんじ》】御述作《ごじゅっさく》の年月や送《おく》られた人は不明《ふめい》。本抄前半《ほんしょうぜんはん》では、駿河《するが》の地《ち》で活躍《かつやく》している日興上人《にっこうしょうにん》の名前や、「あつわら《熱原》の者《もの》どもの御心《おんこころ》ざし」（御書一四六三ページ）との仰《おお》せがあることから、駿河《するが》に住《す》む門下《もんか》に与《あた》えられたと推察《すいさつ》される。内容《ないよう》から、権力《けんりょく》からの迫害《はくがい》に対《たい》する御指導《ごしどう》と考《かんが》えられる。

〈注11〉【殷《いん》の紂王《ちゅうおう》　周《しゅう》の武王《ぶおう》】古代中国《こだいちゅうごく》で黄河流域《こうがりゅういき》を支配《しはい》していた殷《いん》（商《しょう》）は、紀元前《きげんぜん》十二～十一世紀頃《せいきごろ》、紂王《ちゅうおう》の暴政《ぼうせい》によって民意《みんい》を失《うしな》っていた。これに周《しゅう》の文王《ぶんおう》は対立《たいりつ》し、その子・武《ぶ》王《おう》は紂王《ちゅうおう》を攻《せ》めて殷《いん》を滅《ほろ》ぼし、周《しゅう》は長《なが》く栄《さか》えた。

〈注12〉【『史記《しき》』】中国・前漢《ぜんかん》の太史公《たいしこう》・司馬遷《しばせん》（紀元前《きげんぜん》一四五年頃《ごろ》～前《ぜん》八六年頃《ごろ》）が著《あらわ》した歴史《れきし》書《しょ》。中国初《はつ》の通史《つうし》で、後《のち》の正史《せいし》の手本とされた。古《ふる》くは伝説上《でんせつじょう》の帝王《ていおう》である黄帝《こうてい》から、近《ちか》くは司馬遷《しばせん》の同時代《どうじだい》である漢《かん》の武帝《ぶてい》期《き》までの歴史《れきし》が編纂《へんさん》されている。

〈注13〉【ミヒャエル・フォン・ブリュック博士】一九四九年～。ドイツのレーゲンスブルク大学教授《きょうじゅ》（比較宗教学《ひかくしゅうきょうがく》）、ミュンヘン大学教授《きょうじゅ》（宗教学《しゅうきょうがく》）などを経《へ》て、私立《しりつ》リンツ・キリスト教《きょう》大学名誉教授《めいよきょうじゅ》。専門《せんもん》はヒンズー教《きょう》、仏教《ぶっきょう》、宗教間対話《しゅうきょうかんたいわ》の解釈学《かいしゃくがく》。

創価の宗教改革《しゅうきょうかいかく》――地球《ちきゅう》に広《ひろ》がる人間主義《しゅぎ》の光彩《こうさい》

「広宣流布とは、世界の民衆《みんしゅう》を幸福《こうふく》にするための宗教《しゅうきょう》革命なり」

恩師《おんし》・戸田城聖《じょうせい》先生は師子吼《ししく》されました。

そこには、「革命」という言葉《ことば》から想起《そうき》される、暴力《ぼうりょく》や流血《りゅうけつ》を伴《ともな》う犠牲《ぎせい》はありません。一人一人が「人間革命」を根幹《こんかん》として真《しん》の幸福《こうふく》をつかみながら、平和《へいわ》な社会《しゃかい》を建設《けんせつ》していく並々《なみなみ》ならぬ決意《けつい》を込《こ》めた言葉《ことば》です。

この精神《せいしん》を、先生は幾度《いくど》となく弟子《でし》の私たちに強調《きょうちょう》してくださいました。

宗教革命《しゅうきょう》は「一人の人間革命」から

「宗教革命《しゅうきょう》」とは、即《そく》「人間革命」にほかなりません。それは「一人」の「命《いのち》を革《あらた》める」人間革命から始《はじ》まるからです。

一人の人間が宿命《しゅくめい》を転換《てんかん》する。一人一人が宇宙大《うちゅうだい》の自身《じしん》の力《ちから》を発揮《はっき》する。それこそが仏教《ぶっきょう》の目的《もくてき》です。「一人の人間革命」が「世界」をも変《か》える。これが宗教《しゅうきょう》革命であると私は恩師《おんし》から教《おそ》わりました。

万人成仏《ばんにんじょうぶつ》の民衆《みんしゅう》仏法の確立《かくりつ》へ

創価学会は、一九三〇年（昭和五年）の創立《そうりつ》以来《いらい》、宗教革命《しゅうきょう》を断行《だんこう》してきました。日本の檀家制度《だんかせいど》〈注1〉において、仏教本来《ほんらい》の精神性《せいしんせい》が失《うしな》われ、形骸化《けいがいか》していったなかで、「宗教改革造作《しゅうきょうかいかくぞうさ》なし」と、真《しん》の日蓮仏法の精神《せいしん》を現代《げんだい》によみがえらせたのが、先師《せんし》・牧口常三郎《つねさぶろう》先生でした。

日蓮大聖人の御精神《ごせいしん》、日興上人《にっこうしょうにん》の御遺誡《ごゆいかい》が見失《みうしな》われてしまった当時《とうじ》の日蓮正《しょう》宗《しゅう》に対《たい》して、広宣流布の息吹《いぶき》を吹《ふ》き込《こ》み、民衆救済《みんしゅうきゅうさい》の精神《せいしん》に立《た》ち返《かえ》り、清流《せいりゅう》を取《と》り戻《もど》して宗教改革《しゅうきょうかいかく》を推《お》し進《すす》めていったのが、創価の歴史《れきし》です。

学会は草創《そうそう》以来《いらい》、和合《わごう》を尊重《そんちょう》して広宣流布を進《すす》め、そのなかで、悪《あ》しき宗教《しゅうきょう》権威《けんい》を打《う》ち破《やぶ》り、本来《ほんらい》の精神性《せいしんせい》をよみがえらせるルネサンス（再生《さいせい》）を遂行《すいこう》してきたともいえます。

さかのぼれば、釈尊《しゃくそん》のもと、当時《とうじ》の〝宗教《しゅうきょう》のための人間〟という転倒《てんとう》した在《あ》り方《かた》を、〝人間のための宗教《しゅうきょう》〟へと大転換《だいてんかん》したのが、仏教《ぶっきょう》の出発点《しゅっぱつてん》です。その後《ご》、時代《じだい》の変遷《へんせん》とともに、仏教自《ぶっきょうみずか》らにおいて、形骸化《けいがいか》し瑞々《みずみず》しい魂《たましい》が見失《みうしな》われていった時《とき》は、宗教《しゅうきょう》の本義《ほんぎ》を鋭《するど》く問《と》い返《かえ》し、「人間の宗教《しゅうきょう》」としての改革《かいかく》を続《つづ》けてきました。これが人間主義《しゅぎ》の歴史《れきし》です。

そして、末法《まっぽう》の法滅《ほうめつ》の時《とき》に、釈尊《しゃくそん》の法華経という原点《げんてん》に戻《もど》りながら、一人も欠《か》けることなく万人《ばんにん》の成仏《じょうぶつ》を実現《じつげん》する民衆《みんしゅう》仏法の確立《かくりつ》へ、未聞《みもん》の宗教《しゅうきょう》革命を成《な》し遂《と》げたのが、日蓮大聖人の太陽の仏法なのであります。

人間の尊厳《そんげん》を輝《かがや》かせる勝利劇《しょうりげき》

二十一世紀《せいき》を迎《むか》えるにあたって広《ひろ》がった「創価ルネサンス」〈注2〉も、この仏教史《ぶっきょうし》の方軌《ほうき》から見れば必然《ひつぜん》であったとも言えます。私たちは、人間に潜《ひそ》む魔性《ましょう》と戦《たたか》い、権威《けんい》の鉄鎖《てっさ》を打《う》ち破《やぶ》り、人間の尊厳《そんげん》を輝《かがや》かせるために立ち上がったからこそ、人類《じんるい》が求《もと》めてやまない「人間の宗教《しゅうきょう》」として大きく翼《つばさ》を広《ひろ》げ、世《せ》界《かい》に飛翔《ひしょう》することができました。

世界広布新時代の今《いま》、日本はもとより、各国各地《かっこくかくち》で、創価の尊《とうと》き同志《どうし》たちが、団結《だんけつ》も固《かた》く、「人間革命《しゅうきょう》」即《そく》「広布拡大《かくだい》」の勝利劇《しょうりげき》を繰《く》り広《ひろ》げてくれています。そして、世界宗教として大きく飛翔《ひしょう》する今、この時《とき》に入会し、清新《せいしん》な決意《けつい》で立ち上がった宿縁深《しゅくえんふか》き地涌《じゆ》の菩薩《ぼさつ》の皆《みな》さんがおられます。

この不思議《ふしぎ》な使命《しめい》の同志《どうし》とともに、「創価の宗教改革《しゅうきょうかいかく》」の本義《ほんぎ》について、御書を繙《ひもと》きながら研鑽《けんさん》してまいりたいと思《おも》います。

崇峻天皇御書《すしゅんてんのうごしょ》

御文

（御書一一七四ジペー十四行目～十五行目）

一代《いちだい》の肝心《かんじん》は法華経《ほけきょう》・法華経《ほけきょう》の修行《しゅぎょう》の肝心《かんじん》は不軽品《ふきょうぼん》にて候《そうろう》なり、不軽菩薩《ふきょうぼさつ》の人《ひと》を敬《うやま》いしは・いかなる事《こと》ぞ教主釈尊《きょうしゅしゃくそん》の出《しゅっ》世《せ》の本懐《ほんかい》は人《ひと》の振舞《ふるまい》にて候《そうらい》けるぞ、穴賢《あなかしこ》・穴賢《あなかしこ》、賢《かしこ》きを人《にん》と云《い》いはかなきを畜《ちく》といふ

現代語訳

釈尊一代《しゃくそんいちだい》の肝心《かんじん》は法華経であり、法華経の修行《しゅぎょう》の肝心《かんじん》は不軽品《ふきょうぼん》です。不軽菩薩《ふきょうぼさつ》が人を敬《うやま》ったことには、どのような意味《いみ》があるのでしょ

うか。教主釈尊《きょうしゅしゃくそん》の出世《しゅっせ》の本懐《ほんかい》は、人の振《ふ》る舞《ま》いを示《しめ》すことにあったのです。

くれぐれも、よくお聞《き》きなさい。賢《かしこ》きを人といい、愚《おろ》かを畜生《ちくしょう》というのです。

賢人《けんじん》として生《い》き抜《ぬ》く意義《いぎ》を示《しめ》す

仏教《ぶっきょう》は、どこまでも「人間の宗教《しゅうきょう》」です。「仏《ほとけ》」とは、「法《ほう》」を身《み》に体現《たいげん》した一人の「人間」にほかなりません。現実《げんじつ》の人間の行動《こうどう》を離《はな》れて、別《べつ》の場所《ばしょ》に「法《ほう》」が存在《そんざい》することはないのです。

それゆえに、「人の振《ふ》る舞《ま》い」「人の境涯《きょうがい》」を、仏法はどこまでも重視《じゅうし》します。

大聖人は、最《もっと》も信頼《しんらい》している強盛《ごうじょう》な信仰者《しんこうしゃ》である四条金吾《しじょうきんご》に対《たい》して、仏教《ぶっきょう》の根幹《こんかん》は、「人の振《ふ》る舞《ま》い」にあることを教《おし》えられました。まさしく、真《しん》の賢人《けんじん》の生《い》き方《かた》が示《しめ》されている御消息《ごしょうそく》が、「崇峻天皇御書《すしゅんてんのうごしょ》」〈注3〉です。「宗教改革《しゅうきょうかいかく》」といっても、その根本《こんぽん》は一人一人の心の変革《へんかく》にあり、それは「人を敬《うやま》う振《ふ》る舞《ま》い」を貫《つらぬ》く中で成《な》し遂《と》げられていくものなのです。

誠実《せいじつ》の行動《こうどう》に人間の勝利《しょうり》が

本抄御執筆《ほんしょうごしっぴつ》の当時《とうじ》（建治三年〈一二七七年〉九月）、四条金吾《しじょうきんご》は人生最大《さいだい》の苦境《くきょう》に直面《ちょくめん》していました。

金吾《きんご》は、卑劣《ひれつ》な讒言《ざんげん》（事実無根《じじつむこん》の訴《うった》え）によって主君《しゅくん》である江間氏《えまし》との関係《かんけい》が悪化《あっか》し、〝日蓮仏法の信仰《しんこう》を止《や》めるとの誓約書《せいやくしょ》を出さなければ、所領《しょりょう》を没収《ぼっしゅう》する〟と宣告《せんこく》されていました。本抄《ほんしょう》を頂《いただ》く数《すう》カ月前《げつまえ》の出来事《できごと》でした〈注4〉。

しかしこの時《とき》、いかなることがあっても法華経を捨《す》てないと大聖人に誓《ちか》いを立てます。この深《ふか》き覚悟《かくご》が諸天善神《しょてんぜんじん》を揺《ゆ》り動《うご》かしたのでしょう。医術《いじゅつ》にも心得《こころえ》のあった四条金吾《しじょうきんご》が主君《しゅくん》の病気治療《びょうきちりょう》にあたったことで、主君《しゅくん》からの信頼《しんらい》が回復《かいふく》します。事態《じたい》が劇的《げきてき》に好転《こうてん》した喜《よろこ》びの報告《ほうこく》に対《たい》する御返事《ごへんじ》が、本抄《ほんしょう》です。

長文《ちょうぶん》のお手紙《てがみ》ですが、この御書の中で一貫《いっかん》して大聖人は、四条金吾《しじょうきんご》に「振《ふ》る舞《ま》い」、すなわち人としての身《み》の処《しょ》し方《かた》、そして、信仰者《しんこうしゃ》としての行動原理《こうどうげんり》を示《しめ》されています。

主君《しゅくん》の覚《おぼ》えがよくなったからといって、決《けっ》して自慢《じまん》してはならない。ことさらに目立つことなく、どこまでも誠実《せいじつ》に謙虚《けんきょ》に動《うご》いていきなさい。また、金吾《きんご》の失脚《しっきゃく》を狙《ねら》う同僚《どうりょう》たちは、嫉妬《しっと》ゆえに、ますます瞋恚《しんに》（怒《いか》り）の心《こころ》を強《つよ》くするだろうから、決《けっ》して油断《ゆだん》せず、くれぐれも、細心《さいしん》の行動《こうどう》をしていきなさいと戒《いまし》められています。

さらに、社会人《しゃかいじん》として、信仰者《しんこうしゃ》として、周囲《しゅうい》の人々から「よ《吉》かりけり・よかりけり」と賞讃《しょうさん》されることが、本当《ほんとう》の勝利《しょうり》であるという指標《しひょう》を贈《おく》られるとともに、「心《こころ》の財《たから》第一《だいいち》」の生《い》き方《かた》を打《う》ち込《こ》まれます〈注5〉。

「人を敬《うやま》う振《ふ》る舞《ま》い」が根本目的《こんぽんもくてき》

本抄《ほんしょう》の最後《さいご》に、法華経こそが釈尊《しゃくそん》の「出世《しゅっせ》の本懐《ほんかい》」（仏《ほとけ》が出現《しゅつげん》した根本目的《こんぽんもくてき》）の経典《きょうてん》にして、一代《いちだい》の教《おし》えの肝要《かんよう》であり、その修行《しゅぎょう》の肝心《かんじん》が不軽品《ふきょうぼん》に説《と》かれていると仰《おお》せです。

不軽品《ふきょうぼん》には、万人《ばんにん》に具《そな》わる仏性《ぶっしょう》を信《しん》じ抜《ぬ》き、いかなる迫害《はくがい》に遭《あ》おうとも万人《ばんにん》を礼拝《らいはい》し続《つづ》けた不軽菩薩《ふきょうぼさつ》の実践《じっせん》が説《と》かれています。

この不軽菩薩《ふきょうぼさつ》の如《ごと》く「人を敬《うやま》う振《ふ》る舞《ま》い」を示《しめ》すことにこそ、釈尊《しゃくそん》の出世《しゅっせ》の本懐《ほんかい》があったと結論《けつろん》されています。

すなわち、苦難《くなん》と戦《たたか》う四条金吾《しじょうきんご》に対《たい》して、逆境《ぎゃっきょう》を打開《だかい》していくためにも、人としての誠実《せいじつ》な振《ふ》る舞《ま》いを貫《つらぬ》くことがいかに肝要《かんよう》であるかを、重《かさ》ねて訴《うった》えられているのです。

法華経に脈打《みゃくう》つ万人尊敬《ばんにんそんけい》の思想《しそう》

さて、ここで、「人を敬《うやま》う振《ふ》る舞《ま》い」ということに焦点《しょうてん》を当《あ》ててみたいと思《おも》います。

なぜ大聖人が、「人の振《ふ》る舞《ま》い」こそ、釈尊《しゃくそん》の出世《しゅっせ》の本懐《ほんかい》であるとまで仰《おお》せになったのか。その根底《こんてい》には、法華経に脈打《みゃくう》つ生命尊厳《せいめいそんげん》、万人尊敬《ばんにんそんけい》の思想《しそう》があると拝察《はいさつ》されます。

法華経には万人《ばんにん》に等《ひと》しく仏性《ぶっしょう》が具《そな》わっていることが説《と》かれています。その意《い》味《み》では誰《だれ》もが平等《びょうどう》で、誰《だれ》の生命《せいめい》も等《ひと》しく尊極《そんごく》なのです。

この大確信《だいかくしん》ゆえに不軽菩薩《ふきょうぼさつ》は、増上慢《ぞうじょうまん》の人々からどんなに悪口罵詈《あっくめり》され、杖《じょう》木瓦石《もくがしゃく》で迫害《はくがい》を受《う》けてもなお、相手《あいて》を信《しん》じて敬《うやま》う行動《こうどう》を貫《つらぬ》きました。その結《けっ》果《か》、六根清浄《ろっこんしょうじょう》〈注6〉という生命変革《せいめいへんかく》の功徳《くどく》を得《え》て宿命《しゅくめい》を転換《てんかん》し、成仏《じょうぶつ》の大境《だいきょう》涯《がい》を得《え》たのです。

すなわち、万人《ばんにん》の仏性《ぶっしょう》を信《しん》じ抜《ぬ》くがゆえに、どのような相手《あいて》であっても「人を敬《うやま》う」という「振《ふ》る舞《ま》い」に徹《てっ》するのであり、その振《ふ》る舞《ま》いそのものが、成仏《じょうぶつ》の根本因《こんぽんいん》となるのです。

民衆《みんしゅう》を抱《だ》きかかえ、権力《けんりょく》には厳然《げんぜん》と

大聖人御自身《ごじしん》、直接《ちょくせつ》は会《あ》ったことのない門下《もんか》も含《ふく》めて、一人一人を抱《だ》きかかえるように大切《たいせつ》にされ、全身全霊《ぜんしんぜんれい》で励《はげ》まされ、真心《まごころ》からのお手紙《てがみ》を送《おく》られています。

一方《いっぽう》で末法《まっぽう》の全民衆《ぜんみんしゅう》を救《すく》いゆくため、人々を不幸《ふこう》へと陥《おとしい》れる邪悪《じゃあく》の思想《しそう》や勢力《せいりょく》に対《たい》しては毅然《きぜん》と戦《たたか》われたのです。民衆《みんしゅう》の一人一人を温《あたた》かく包容《ほうよう》し、かつ権力《けんりょく》には厳然《げんぜん》と呵責《かしゃく》をする。いずれも慈悲《じひ》が根幹《こんかん》にあるからです。まさに、いついかなる時《とき》も、「人を敬《うやま》う振《ふ》る舞《ま》い」に徹《てっ》し抜《ぬ》かれた御生涯《ごしょうがい》でありました。

大聖人が範《はん》を示《しめ》してくださった「人の振《ふ》る舞《ま》い」を現代《げんだい》に受《う》け継《つ》ぎ、日々の生活《せいかつ》の上で実践《じっせん》しているのが、創価の師弟《してい》です。

社会《しゃかい》の静穏《せいおん》、世界《せかい》の平和《へいわ》を祈《いの》る

万人《ばんにん》の仏性《ぶっしょう》を信《しん》じ、尊敬《そんけい》するがゆえに、自分自身《じぶんじしん》が人として誠実《せいじつ》に振《ふ》る舞《ま》う。そして真面目《まじめ》に生《い》き抜《ぬ》く人が幸福《こうふく》な人生を歩《あゆ》める平和《へいわ》の時代《じだい》を築《きず》こうと、積極的《せっきょくてき》に社会《しゃかい》にかかわっていくのです。「立正安国論《りっしょうあんこくろん》」に「汝《なんじ》須《すべから》く一身《いっしん》の安堵《あんど》を思《おも》わば先《ま》ず四表《しひょう》の静謐《せいひつ》を禱《いの》らん者《もの》か」（御書三一ページ）〈注7〉とあるように、私たちは自《みずか》らの人間革命とともに、現実社会《げんじつしゃかい》の変革《へんかく》にも果敢《かかん》に挑戦《ちょうせん》しています。

一人一人の無限《むげん》の可能性《かのうせい》を信《しん》じる。

目《め》の前《まえ》の一人を徹底《てってい》して大切《たいせつ》にする。

そして共《とも》に偉大《いだい》な力《ちから》を発揮《はっき》していく。

この仏法の本義《ほんぎ》に則《のっと》った学会員の誉《ほま》れの生《い》き方《かた》は、一人から一人へ、人間尊《そん》敬《けい》の波動《はどう》を広《ひろ》げてきました。自《みずか》らの主体的意志《しゅたいてきいし》によって強《つよ》く賢《かしこ》く、幸福《こうふく》と勝利《しょうり》の道《みち》を切《き》り開《ひら》いていけることを、日本のみならず、世界《せかい》の民衆《みんしゅう》に示《しめ》し切《き》ってきたのです。

これこそ、形骸化《けいがいか》し、権威主義化《けんいしゅぎか》した仏教観《ぶっきょうかん》を晴《は》れやかに打《う》ち破《やぶ》った、まさに現代《げんだい》における「宗教改革《しゅうきょうかいかく》」にほかならないと、私たちは声《こえ》を大にして宣言《せんげん》したいのです。

顕仏未来記《けんぶつみらいき》

御文

（御書五〇八ジ゙ー二行目〜四行目）

月《つき》は西《にし》より出《い》でて東《ひがし》を照《てら》し日《ひ》は東《ひがし》より出《い》でて西《にし》を照《てら》す仏法《ぶっぽう》も又以《またもっ》て是《か》くの如《ごと》し正像《しょうぞう》には西《にし》より東《ひがし》に向《むか》い末法《まっぽう》には東《ひがし》より西《にし》に往《ゆ》く

現代語訳

月は西から出て東を照《て》らし、日は東から出て西を照《て》らす。仏法もまた、この通《とお》りである。

正法《しょうほう》ならびに像法時代《ぞうほうじだい》には、仏法は西のインドから東の日本へ伝《つた》わり、末法《まっぽう》においては、南無妙法蓮華経の大仏法が、東の日本から西へと流布《るふ》していくのである。

太陽の仏法が末法《まっぽう》に興隆《こうりゅう》

仏教《ぶっきょう》の正道《せいどう》である「人の振《ふ》る舞《ま》い」に徹《てっ》してきた学会は今、現実《げんじつ》に宗教改革《しゅうきょうかいかく》を進《すす》めながら、世界各国に民衆《みんしゅう》仏法を興隆《こうりゅう》させています。

この世界広布の予見《よけん》ともいうべき、大聖人の未来記《みらいき》（未来展望《みらいてんぼう》の記述《きじゅつ》）を記《しる》された御書が「顕仏未来記《けんぶつみらいき》」〈注8〉です。

本抄では、末法《まっぽう》の広宣流布という釈尊《しゃくそん》の未来記《みらいき》を現実《げんじつ》のものとして証明《しょうめい》したのは、大聖人ただお一人であり、大聖人の未来記《みらいき》として法華経の肝要《かんよう》である南無妙法蓮華経の大法《だいほう》が世界中に流布《るふ》することが明《あ》かされています。

どこまでも「人を敬《うやま》う」大聖人の太陽の仏法が全《ぜん》世界へと広《ひろ》まっていくのが「仏法西還《せいかん》」〈注9〉の本義《ほんぎ》にほかなりません。

仏法流布の時代に学会が出現《しゅつげん》

戸田先生は第二代会長に就任《しゅうにん》された一九五一年(昭和二十六年)夏、「大白蓮華」に発表《はっぴょう》された論文《ろんぶん》「創価学会の歴史と確信《かくしん》」の中で、この「顕仏未来記《けんぶつみらいき》」の御文を拝《はい》して、末法《まっぽう》流布の確信《かくしん》と喜びを綴《つづ》られました。

それは、大聖人の民衆《みんしゅう》仏法が必ずや東洋《とうよう》に、世界に流布しゆくのだとの不動《ふどう》の信念《しんねん》です。

そして「わが学会は、かかるめでたきときに際会《さいかい》したのであるから、不自惜《ふじしゃく》身命《しんみょう》の大願《だいがん》をたてて、ここに大折伏を強行《きょうこう》するの一大確信《かくしん》に立ち、生きたよろこびを感じて、成仏《じょうぶつ》の道《みち》を直行《ちょっこう》するは、なんたる幸福《こうふく》であろうか」と高《たか》らかに明言《めいげん》なされたのです。

大聖人が未来記《みらいき》として示《しめ》された「仏法西還《せいかん》」を、恩師《おんし》・戸田先生は「東洋広布」「世界広布」と叫《さけ》ばれ、その実現《じつげん》を青年に託《たく》されました。

そして不二《ふに》の弟子として私は、第三代会長就任《しゅうにん》の直後《ちょくご》から、戸田先生のお写真《しゃしん》を上着《うわぎ》の内《うち》ポケットに納《おさ》めて、世界広布の旅《たび》を開始《かいし》しました。いずこの地《ち》にあっても〝地涌《じゆ》の同志《どうし》よ出《い》でよ〟と、大地《だいち》に題目を染《し》み込《こ》ませる思いで祈《いの》り、各大陸《かくたいりく》を駆《か》け巡《めぐ》ってきました。

地球上《ちきゅうじょう》に絶《た》え間《ま》なく題目の音声《おんじょう》

今や、創価の人間主義《しゅぎ》の連帯《れんたい》は世界百九十二カ国・地域《ちいき》へと広《ひろ》がりました。

一日二十四時間、一年三百六十五日、地球上《ちきゅうじょう》に絶《た》え間《ま》なく題目の音声《おんじょう》が響《ひび》きわたる時代《じだい》が到来《とうらい》したのです。

「報恩抄《ほうおんしょう》」には、「日本《にほん》・乃至漢土《ないしかんど》・月氏《がっし》・一閻浮提《いちえんぶだい》に人《ひと》ごとに有智無智《うちむち》をきらはず一同《いちどう》に他事《たじ》をすてて南無妙法蓮華経と唱《とな》うべし」（御書三二八ページ）と綴《つづ》られております。この御聖訓《ごせいくん》を胸《むね》に、学会員が、現実《げんじつ》に大法弘通《だいほうぐつう》の道《みち》を開《ひら》いてきたのです。

「御義口伝《おんぎくでん》」には、「梵漢共時《ぼんかんぐじ》に南無妙法蓮華経と云《い》うなり」（御書七〇八ページ）と説《と》かれ、全《ぜん》世界の一切衆生《いっさいしゅじょう》の幸福を実現《じつげん》せんとの仏《ほとけ》の願《ねが》いが込《こ》められています〈注10〉。

今《いま》、世界の各地《かくち》にあって、この題目の功力《くりき》を獲得《かくとく》する信心によって蘇生《そせい》の人生を歩《あゆ》み、その一人の「振《ふ》る舞《ま》い」が共感《きょうかん》を呼《よ》び、信心の「歓喜《かんき》」が、一人また一人へと伝播《でんぱ》し、立ち上がっていく。いわば「五十展転《ごじってんでん》」〈注11〉の随喜《ずいき》の功徳《くどく》が広《ひろ》がる姿《すがた》となっています。この人間革命の運動《うんどう》もまた、現代《げんだい》の「宗教改《しゅうきょうかい》革」の実証《じっしょう》といえるのではないでしょうか。

学会員に「人間性の昇華《しょうか》の姿《すがた》」

日本を代表《だいひょう》する宗教学者《しゅうきょうがくしゃ》であり、上智大学名誉教授《じょうちだいがくめいよきょうじゅ》であられた故《こ》・安齋伸先生《あんざいしんせい》〈注12〉が、かつて次《つぎ》のように語《かた》られていました。

「日蓮大聖人の御書の中には、地方《ちほう》に住《す》んでいる無名《むめい》の庶民《しょみん》の一婦人《いちふじん》に対《たい》して、本当《ほんとう》にこまやかな慈愛《じあい》を込《こ》めて励《はげ》まされている御手紙《おてがみ》がたくさんあります。そこからは、教義《きょうぎ》うんぬんを超《こ》えた人間としての心《こころ》の深《ふか》さ、豊《ゆた》かさが、ひしひしと伝《つた》わってきます。そういう人間性の昇華《しょうか》の姿《すがた》を、私は多《おお》くの学会員のなかにも見いだしてきました」

まことに、感謝《かんしゃ》に堪《た》えない、深《ふか》く温《あたた》かなご理解《りかい》です。

さらに安齋《あんざい》先生は「近年《きんねん》、創価学会は宗門《しゅうもん》と離《はな》れ在家教団《ざいけきょうだん》としての道《みち》を歩《あゆ》み始《はじ》めましたが、開放的《かいほうてき》、革新的《かくしんてき》な学会と、閉鎖的《へいさてき》、保守的《ほしゅてき》な宗門《しゅうもん》とを比《くら》べれば、これは避《さ》けがたい必然的《ひつぜんてき》な結果《けっか》であったと私は見ております。平和《へいわ》・文《ぶん》化《か》・教育《きょういく》の価値《かち》も理解《りかい》できず、伝統《でんとう》に固執《こしゅう》し、権威《けんい》と力《ちから》で信徒《しんと》を押《お》さえ付《つ》け、時代錯誤《じだいさくご》におちいった宗門《しゅうもん》。そこから独立《どくりつ》しなければ、創価学会もやがては独《どく》善的《ぜんてき》、閉鎖的《へいさてき》な教団《きょうだん》として終《お》わってしまい、未来性《みらいせい》も世界性《せかいせい》も絶《た》たれていたことでしょう」とも述《の》べられました。

安齋《あんざい》先生はじめ多《おお》くの知性《ちせい》が洞察《どうさつ》してくださっている通《とお》り、私たち創価学会の宗教改革《しゅうきょうかいかく》とは、権威主義《けんいしゅぎ》、教条主義《きょうじょうしゅぎ》の閉鎖的《へいさてき》な宗門《しゅうもん》の横暴《おうぼう》と戦《たたか》い、民衆《みんしゅう》一人一人が師子王《ししおう》の心《こころ》を取《と》り出《いだ》して力強《ちからづよ》く立ち上がった「魂《たましい》の独立《どくりつ》」でありました。

社会《しゃかい》に広《ひろ》がる「人間のための宗教《しゅうきょう》」

事実《じじつ》、それ以降《いこう》、全《ぜん》世界で飛躍的《ひやくてき》に創価の人間主義《しゅぎ》が広《ひろ》がっていったのです。宗門事件《しゅうもんじけん》の当時《とうじ》、苦《くる》しめられたスペインもインドネシアも今、目覚《めざ》ましい躍進《やくしん》を遂《と》げています。

「魂《たましい》の独立《どくりつ》」から四半世紀《しはんせいき》を超《こ》えた時点《じてん》で、スペインでは師弟不二《していふに》の心《こころ》、異体同心《いたいどうしん》の心《こころ》で戦《たたか》い抜《ぬ》き、宗門事件当時《しゅうもんじけんとうじ》の六十倍の陣容《じんよう》にまで拡大《かくだい》を成《な》し遂《と》げました。また、インドネシアでは当時《とうじ》の一本部から、十二本部四十九支部へと大《だい》発展《はってん》し、両国《りょうこく》とも、地域《ちいき》と社会《しゃかい》に信頼《しんらい》と友情《ゆうじょう》の輪《わ》を大きく広《ひろ》げています。各国・地域の広布の前進《ぜんしん》にあっても、見事《みごと》な賞讃《しょうさん》と喝采《かっさい》の実証《じっしょう》を示《しめ》しています。

まさに今、世界中で、「人の振《ふ》る舞《ま》い」を根本《こんぽん》にした、「宗教改革《しゅうきょうかいかく》」即《そく》「広宣流布」の大潮流《だいちょうりゅう》が巻《ま》き起《お》こっています。「人間の宗教《しゅうきょう》」を人類《じんるい》が待望《たいぼう》しているのです。

世界《せかい》に輝《かがや》きを放《はな》つ創価の人間主義《しゅぎ》

いよいよ、我《われ》らの「人の振《ふ》る舞《ま》い」が世界中で平和《へいわ》と人間蘇生《そせい》の光彩《こうさい》を放《はな》つ時《とき》を迎《むか》えました。創価の人間主義《しゅぎ》の運動《うんどう》は、二十一世紀《せいき》という本舞台《ほんぶたい》で明々《あかあか》と輝《かがや》きを増《ま》しています。

わが信頼《しんらい》する同志《どうし》一人一人の「人間革命の勝利《しょうり》」こそが、世界宗教《しゅうきょう》として人《じん》類《るい》を照《て》らす「創価の勝利《しょうり》」です。師弟共戦《していきょうせん》と異体同心《いたいどうしん》の前進《ぜんしん》で、「生命《せいめい》ルネサンス」の大光《たいこう》を広《ひろ》げ、地球《ちきゅう》を包《つつ》んでいこうではありませんか！

尊《とうと》き皆《みな》さんの栄光《えいこう》を祈《いの》りつつ——

［注　解］

〈注1〉【檀家制度《だんかせいど》】日本の江戸時代《えどじだい》に確立《かくりつ》したもので、寺檀制度《じだんせいど》ともいう。江戸幕府《えどばくふ》が民衆統制《みんしゅうとうせい》のため、すべての人々を仏教各派《ぶっきょうかくは》の寺《てら》に所属《しょぞく》する檀徒《だんと》とし、これを戸籍《こせき》に利用《りよう》した。この制度《せいど》によって、民衆《みんしゅう》は寺《てら》に依存《いそん》し支配《しはい》を受《う》けることになった。

〈注2〉【創価ルネサンス】日蓮正宗《しょうしゅう》の法主《ほっす》・日顕が創価の師弟《してい》を分断《ぶんだん》し、学会員を檀徒化《だんとか》させようと一九九〇年（平成二年）十二月、池田先生の法華講総講頭《ほっけこうそうこうとう》を一方的に罷免《ひめん》。翌九一年（平成三年）十一月二十九日、宗門から学会本部に「破門通告書《はもんつうこくしょ》」が送付《そうふ》された。これに対して創価学会は宗門の差別主義《さべつしゅぎ》、権威主義《けんいしゅぎ》の鎖《くさり》を断《た》ち切り、世界宗教《しゅうきょう》への飛躍《ひやく》を開始した。この十一月二十九日は創価学会にとって「魂《たましい》の〝独立記念日《どくりつきねんび》〟」となった。

〈注3〉【崇峻天皇御書《すしゅんてんのうごしょ》】「三種財宝御書《さんしゅざいほうごしょ》」ともいう。建治《けんじ》三年（一二七七年）九月十一日、四条《しじょう》金吾《きんご》に与《あた》えられた御消息《ごしょうそく》。

〈注4〉建治《けんじ》三年（一二七七年）六月、鎌倉《かまくら》の桑ケ谷《くわがやつ》で、大聖人の弟子《でし》・三位房《さんみぼう》と、極楽寺良観《ごくらくじりょうかん》の庇護《ひご》を受《う》けていた竜象房《りゅうぞうぼう》との問答《もんどう》が行《おこな》われ、竜象房《りゅうぞうぼう》は三位房《さんみぼう》によって徹底的《てっていてき》に破折《はしゃく》された（桑ケ谷問答《くわがやつもんどう》）。四条金吾《しじょうきんご》は同席《どうせき》しただけで一言《ひとこと》も発《はっ》していなかったが、〝四条金吾《しじょうきんご》が徒《と》党《とう》を組《く》み、武器《ぶき》を持《も》って法座《ほうざ》に乱入《らんにゅう》した〟との讒言《ざんげん》が四条金吾《しじょうきんご》の主君《しゅくん》・江間《えま》氏の耳《みみ》に入った。そのために、江間《えま》氏は金吾《きんご》を処断《しょだん》しようとした。

〈注5〉「中務三郎左衛門尉《なかつかさのさぶろうざえもんのじょう》は主《しゅ》の御《おん》ためにも仏法《ぶっぽう》の御《おん》ためにも世間《せけん》の心《こころ》ね《根》もよ《吉》かりけり・よかりけりと鎌倉《かまくら》の人人《ひとびと》の口《くち》にうたはれ給《たま》へ、穴賢《あなかしこ》・穴賢《あなかしこ》、蔵《くら》の財《たから》よりも身《み》の財《たから》すぐれたり身《み》の財《たから》より心《こころ》の財第一《たからだいいち》なり、此《こ》の御文《おんふみ》を御覧《ごらん》あらんよりは心《こころ》の財《たから》をつませ給《たも》うべし」（御書一一七三ページ）

〈注6〉【六根清浄《ろっこんしょうじょう》】法華経の信仰《しんこう》と実践《じっせん》により、六根《ろっこん》が清《きよ》らかになることでもたらされる種々《しゅじゅ》の功徳《くどく》のこと。法華経法師功徳品第《ほっしくどくほんだい》十九に説《と》かれる。六根《ろっこん》とは眼《め》・耳《みみ》・鼻《はな》・舌《した》・身《み》・意《い》の六つの感覚《かんかく》・認識器官《にんしききかん》のことで、これらが煩悩《ぼんのう》の影響《えいきょう》を受《う》けず、正しく働《はたら》き、清《きよ》らかになることを六根清浄《ろっこんしょうじょう》という。この六根清浄《ろっこんしょうじょう》の結果《けっか》、種々《しゅじゅ》の功徳《くどく》がもたらされる。

〈注7〉「自身《じしん》の安心《あんしん》を考《かんが》えるなら、あなたはまず社会全体《しゃかいぜんたい》の静穏《せいおん》を祈《いの》ることが必要《ひつよう》ではないのか」（現代語訳）。

〈注8〉【顕仏未来記《けんぶつみらいき》】文永《ぶんえい》十年（一二七三年）閏《うるう》五月十一日、日蓮大聖人が佐渡《さど》流罪中《るざいちゅう》に一谷《いちのさわ》で述作《じゅっさく》された書《しょ》。大聖人の未来記《みらいき》として、仏法が東の日本から西のインドへ還《かえ》る「仏法西《せい》還《かん》」が明《あ》かされている。

〈注9〉【仏法西還《せいかん》】仏法が東の日本から西の中国・インドへと還《かえ》っていくこと。月氏《がっし》との別称《べっしょう》のあるインドから、釈尊《しゃくそん》の仏法が月の動きと同様《どうよう》に、次第《しだい》に東に流布《るふ》した「仏法東漸《とうぜん》」に対《たい》して、日蓮大聖人の仏法は、太陽の動きと同様《どうよう》に、東の国である日本から流布《るふ》して西へと還《かえ》っていくことをいう。

〈注10〉「南無妙法蓮華経の南無《なむ》とは梵語《ぼんご》・妙法蓮華経は漢語《かんご》なり」（御書七〇八ページ）と仰《おお》せのように、南無《なむ》はインドの言葉《ことば》の音写《おんしゃ》であり、妙法蓮華経は漢語《かんご》に翻訳《ほんやく》されている。これは、当時《とうじ》、知られていた二つの文化圏《ぶんかけん》（漢字文化圏《かんじぶんかけん》とインドヨーロッパ語文化圏《ごぶんかけん》）の両方《りょうほう》に広《ひろ》まる意味《いみ》があると拝《はい》される。

〈注11〉【五十展転《ごじってんでん》】法華経随喜功徳品第《ずいきくどくほんだい》十八で説《と》かれる教《おし》え（法華経五一六ページ以降）。法華経を聞《き》いて随喜《ずいき》した人が、その喜《よろこ》びを人に伝《つた》え、その人がまた別《べつ》の人に伝《つた》えるというようにして、第《だい》五十人に至《いた》ったとして、その第《だい》五十人の随喜《ずいき》の功徳《くどく》ですら、莫大《ばくだい》なものであると説《と》かれる。

〈注12〉【安齋伸先生《あんざいしんせんせい》】一九二三年〜一九九八年。日本の宗教学者《しゅうきょうがくしゃ》。東京帝国大学文学部《ていこくだいがくぶんがくぶ》宗教学科《しゅうきょうがっか》卒《そつ》、ウイーン大学社会学科《だいがくしゃかいがっか》博士課程修了《かていしゅうりょう》。上智大学名誉教授《じょうちだいがくめいよきょうじゅ》。主《おも》にキリスト教の立場《たちば》から、社《しゃ》会《かい》と宗教《しゅうきょう》の関《かか》わりなどを研究《けんきゅう》。池田先生とも幾度《いくど》も交流《こうりゅう》を重《かさ》ねた。

池田大作（いけだ・だいさく）

1928年（昭和3年）、東京生まれ。創価学会名誉会長。創価学会インタナショナル（SGI）会長。創価大学、アメリカ創価大学、創価学園、民主音楽協会、東京富士美術館、東洋哲学研究所、戸田記念国際平和研究所などを創立。世界各国の識者と対話を重ね、平和、文化、教育運動を推進。国連平和賞のほか、モスクワ大学、グラスゴー大学、デンバー大学、北京大学など、世界の大学・学術機関の名誉博士、名誉教授、さらに桂冠詩人・世界民衆詩人の称号、世界桂冠詩人賞、世界平和詩人賞など多数受賞。

著書は『人間革命』（全12巻）、『新・人間革命』（全30巻）など小説のほか、対談集も『二十一世紀への対話』（A・J・トインビー）、『二十世紀の精神の教訓』（M・S・ゴルバチョフ）、『平和の哲学　寛容の智慧』（A・ワヒド）、『地球対談　輝く女性の世紀へ』（H・ヘンダーソン）など多数。

調和と希望の仏法
「人間の宗教」の時代へ

発行日　二〇二〇年八月二十四日

著　者　池田大作

発行者　松岡　資

発行所　聖教新聞社

〒一六〇―八〇七〇　東京都新宿区信濃町七

電話　〇三―三三五三―六一一一（代表）

印刷・製本　図書印刷株式会社

定価は表紙に表示してあります

ISBN978-4-412-01669-9